悠久の時を超えて

仏道蘇生

杉原孝俊

はじめに

この物語は、「師の悟りとお言葉」を末弟だと自称している求道者が、仏道を理解するために活動実践して来た歩みです。

大玄《だいげん》尊師の生涯の一挙手一投足が仏道であると、「師の後を歩めば、それが仏道蘇生である。」と言われた言葉が長い間、私の頭から離れることはありませんでした。

私も後期高齢者になりました。師との出会いについて、十数年前より書いてみたいという願望がありましたが、なかなか書くことが出来ずにいました。しかし、師の薫陶を受けられた高弟達も一人去り二人去り、次々と別世界に旅立ち、残り数名となられました。

特に、真言宗の僧侶として与えて下さった数々の御慈悲を多くの人々に知って頂きたく、拙い文章を精一杯努力して残すことを決断しました。これは私自身の悟りへの理解の一助になればと考えて綴ったものです。

師は「儂の言葉として、儂の口から出た言葉は密教ではなく、あくまで顕教である。」と言われました。また、「密教に裏付けられた顕教である。」と言うことも力強く述べられました。

このことは、師の言葉を拝読することにより、自然と神秘現象や不可思議な体験を読む人に与えて下さる、と言われています。師は密教の教え、神秘不可思議な輪廻転生の実相を高弟達や信者達に体験させられ、精神的な向上をはかられました。

師は、弘法大師や釈尊が説かれなかった魂や霊体の本質、霊界の世界等を数多くの人々に実相体験させられ、高弟や多くの信者達に実証されました。弘法大師や釈尊が示されなかった「実相世界の体験」を、高弟や信者達に実証されたことは、真言宗の僧侶として重く受け止め、この事実を書き残すことが、私の役目ではなかろうかと考え、残りの人生を費やすべきであると自覚し、命の尽きるまで、ゆっくりと実践行動に移すことにいたしました。

本稿は、青年の時、山口県から師の居られる東京まで、師の教えを受ける為に一歩一歩歩んで行ったように。私が書き残す文章の中から、読者の共感を頂き、自己発見の役に立てれば幸いです。

世界中で六億人以上の人々が新型コロナウイルスに感染し、約六八〇万人が他界されました。このような状態が早く収まり、普通の人間の生活に戻ることが出来ますように、師の末弟の僧侶として、一人の求道者として強く願うのみです。

本書を読み終えられた各位には、勇気と希望、自己発見の一端が自然に獲得出来ることを心より念じています。最後に、長い間、真言宗の僧侶のまま育てて頂いたことに対し、本稿を感謝の気持ちで書かせて頂きました。此処に、篤く御礼を申し上げます。

合　掌

令和五年一月十五日

杉原孝俊

仏道蘇生　目次

世界に一つしかない寺院　115

尊師と今世での問答

汝が味わった修行した方法は、真言秘密の法と言う。
確かに不思議と思われる体験はしたであろう。
神仏の実在は観じたであろう。それは一瞬の体験であり、
神秘の教えとまではいっていない。

釈迦仏教の本質

孝俊　教主尊師、孝俊に教えて下さい。釈迦仏教の本質については未解決のままですが、解りやすく教えて頂ければ幸いです。

教主　我が教えは、人類史上初めての教えである。過去、釈尊は修行の末、四諦の法を悟り、因縁を説き、人間としての八正道の道を弘め、最後に法華の神秘の世界を示した。弟子の多くは驚き、恐怖を感じ、師よ、我らに魔法を使用するのかと言い、釈尊は神秘実相の世界を閉じられた。

その千数百年後、釈迦仏教全盛の時、日本の国より一人の天才僧空海が現れた。空海は真言秘密の法の八代目教主として、唐より日本国に帰国、空海は釈迦仏教、奈良仏教の八宗の僧侶と天皇の前で、秘密の法の証―である即身成仏を体験させ、神秘の世界を見せたのである。これまた多くの人々に示す時に至らず、多くの衆生に体験させることを止められるのである。

孝俊よ、よく聞くがよい。我が大玄になり初めてこの神秘世界、秘蔵の扉が開かれたのである。

孝俊　師よ、釈迦の四諦の法を勉強し、修行し、努力しましたのですが、なかなか悟りの境地に行けません。何故なのでしょうか。教え頂ければ幸いです。

教主　よく聞くがよい。因と縁なる真理は釈尊の前からあったことで、釈尊が出家され苦修錬行の結果、大悟正覚した境地から悟得したものが、この因縁機果であるので、考え出したということは、皆さんが頭で考えるような考え方でなく、智と言おうか、御神示と言おうか、兎に角人間的な境地からでなく、別な境地から浮かんで来たことをいうのです。

孝俊　師よ、因縁機果が理解出来、自分のものにして釈尊は大悟正覚されたのでしょうか。それとも大悟正覚されて、因縁機果を纏められたのでしょうか?

教主　しばし待つがよい。汝の求める答えは、そのうち理解出来るであろう。私は釈迦仏教徒ではないが、要点だけは釈迦直々の教説を受けているので、正しいものとして消化して欲しい。釈尊が『悟り』を開かれる以前、感受性の強い青年時代、強く感じたことが『無常』ということで、『人は何故生まれ、何故老い、何故病み、そして死ぬのか』、何故常に同じ相《すがた》でないのだろうか、と苦悶した結果、この真理探求のため実践すべく出家されて苦修錬行の末、悟ったのが「因縁」で、「生老病死」が即ち「因縁」によってしからしめる現象であることを悟られたのです。

孝俊　師よ、「真言宗の小坊主が儂の教えを学びに来ている」とのお言葉を頂き、有り難く感謝申し上げます。一般に言われている密教と師が教えておられる密教は、いかなるものかお教え頂ければ幸いです。

教主　孝俊よ、汝が味わった、修行した方法は、私は真言秘密の法と言う。確かに不思議と思われる体験はしたであろう。神仏の実在は観じたであろう。しかし、それはあくまで一瞬の体験であり、神秘の教えとまでは行っていない。密教は、何時も言う通り、神秘世界の教えで、別世界の現象を、修行によって体得して、霊力というか、神力というか、人間以外の力を具備して、これを人々に伝える教えで、この別世界とか、神秘世界とかが霊界であり、神界であるのです。密教は、密教体系と実践体得が容易でないので普及されないのは遺憾だが、多くの顕教が密教から出ていることに注目して貰いたい。

孝俊　もう少し因縁について教えて頂ければ幸いです。

教主　因縁と言えば、すぐ悪因縁だけを取り上げて日常生活を暗くする向きが多い。勿論、悪因縁を説くことによって、善導教化の目的は達せられるかも知れぬが、因縁論となれば、善因善果の法則も説いて社会を明るく導かねばならない。そこで、修行とか、修法とかが問題になり、この修行、修法によって悪因縁を断ち切り、また善因縁の開発に努めなければならない。

孝俊　尊師のお言葉の中に、霊、霊体、霊界、神界というあまり聞いたことのない言葉が出て来ますが、どうか判り易くお教え頂けますようにお願い致します。

教主　人間の肉体的終末を死と言い、生から死に至る間を時間的に寿命と言うので、この生と死が何者かの約束によって行われているか、いないかによって、また、この生と死を支配する人間の肉体以外に別なものが有るか、無いかによって寿命というものの時間的変化も生じて来る。そこで、肉体を動かしてくれるものがある。これを霊と言い、この霊の高度に浄化し神格化されたものが神である。

人間は、肉体という物体と、霊体という非物体が一つになって出来ており、この肉体と霊体が表裏一体となって、人間として完全な活動圏を形成して、寸分狂いの無い動きをしている。また狂いがあってはならない。

人間界と霊界は表裏

孝俊　尊師よ、もう少し霊のことについて解り易くお教えいただければ幸いです。

教主　人間の生命力プラス経験体の集合したものが霊であるという風に考えている。人間の生命力プラス経験体であるということになれば、その経験というのは過去世の経験は勿論、将来の経験によって、また、その霊体というのは発展上昇して行くことは間違いない。そうすると、未来というものが何処までも続くか、また未来においてどれだけ沢山の経験をして行くか、ということは、これはもう未知数です。そうなると霊体の分析研究ということは、不可能なものだということが言える訳です。

孝俊　尊師にお会いするまで真の輪廻と転生の意味を理解出来ませんでした。尊師よ、輪廻と転生を解り易くお教え頂ければ幸いです。

教主　孝俊よ、よく聞くがよい。一人の人間が一生涯を終えて死ぬ。そして別世界に行った。そして生まれ変わった。そしていつかまた死ぬ。このようなことを繰り返す。これを輪廻と転生と言うので、輪廻も転生も大体判ると思う。人間界と霊界は表裏そのもので、一体でないまでも密接な関連の有ることは確かで、人間の住むところに霊があり、霊の存在するところに人間が住んでいる、ということになる。ただ、見える世界（顕界）見えない世界（幽界）の相違があるだけで、あたかも見える人間の肉体と、見えない人間の心とが一つになって活動しているようなものです。しかし、霊界には死霊（人間として生存してない霊）、生霊（人間として生存している霊）の区別はない。

大聖師のみ許への旅

白衣観音様は、私に一言も語りはしませんでした。
しかし、私にはある種の気持が伝わって来るのです。
これは〈偉大なる大聖師〉が我が望みを
叶えて下さったと感じたのです。

現れた白衣観音様

それは、昭和四十五年二月一日午前八時、弘法大師入定の地、高野山奥の院灯籠堂《とうろうどう》の地下御法場の御大師様の掛け軸の前の出来事です。その日は高野山の奥の院は辺り一面、真白い雪で覆われ、奥の院の僧侶宿舎から、玉川の無明の橋の前で三礼し、樹齢五、六百年の杉の木の間をぬって御廟所の参道を寒さに震えながら、衣の袖の中に両手を入れ、私の修行場である奥の院の地下御法場に入堂したのでした。

私はここで不思議な現象を見ることが出来たのです。この地下御法場は、昭和四十二年に弘法大師の信者各位の発願によって、弘法大師の御入定された岩屋により近く参拝出来るようにと開かれた所です。岩屋は奥の院弘法大師廟の約三メートル下にあり、地下御法場は岩屋と同じ高さで、約五メートル離れている所です。地下の御法場の正面には、高野山御影堂の御大師様の模写(鎌倉時代作)がお祀りされてあります。その御大師さまの掛け軸の前の「燭立て」の燭の出来事です。そこは私が毎日修行の場としていた所です。

その日の朝、法友上川光正師の手により燭台に火がともされ、灯明の火は私の修行を待っていたのです。御廟所での朝の勤行を済ませ、宿舎に帰り、朝食を終え、修行場である地下御法場に入堂したのです。

燭台のロウソクを見ますと、ロウソクが短くなり、ロウソク受けの上にロウの塊が出来ているので、ロウソクを取り替えるため、ロウの塊を取り除こうと思って、手を触れました。すると、突然、電磁気に触れたように、体全体が一瞬引き付けられました。これは大変なことになったものだと思ったのですが、二、三分間しますと自然と落ち着き、自分の心に言い聞かせるごとく、「白衣観音様が現れた、白衣観音様だ」と何回も繰り返すのです。

白衣観音様は、私に一言も語りはしませんでした。しかし、私にはある種の気持が伝わって来るのです。これは〈偉大なる大聖師〉が我が望みを叶えて下さったのだと感じたのです。望みとは、私の高野山の師である山口耕俊大僧正の七十七歳のお祝いの品なのです。

私は〈高野山の師に対するお別れの贈り物〉を考えていたのです。不思議や、十五センチのロウソクのロウが熔けて流れ、一滴の無駄も無く、高さ五センチの立体の白衣観音像になったのです。真白い姿は、私の心を清くさせ、永遠に神仏の世界へ歩いて行くようにとのお諭しであるかのようでした。

現代人である私は、この現象に驚きました。それは、私が常に神秘世界に住している訳ではないからです。しかし、この現象によって人間世界と神秘世界とにおける不思議な繋がりを強く感

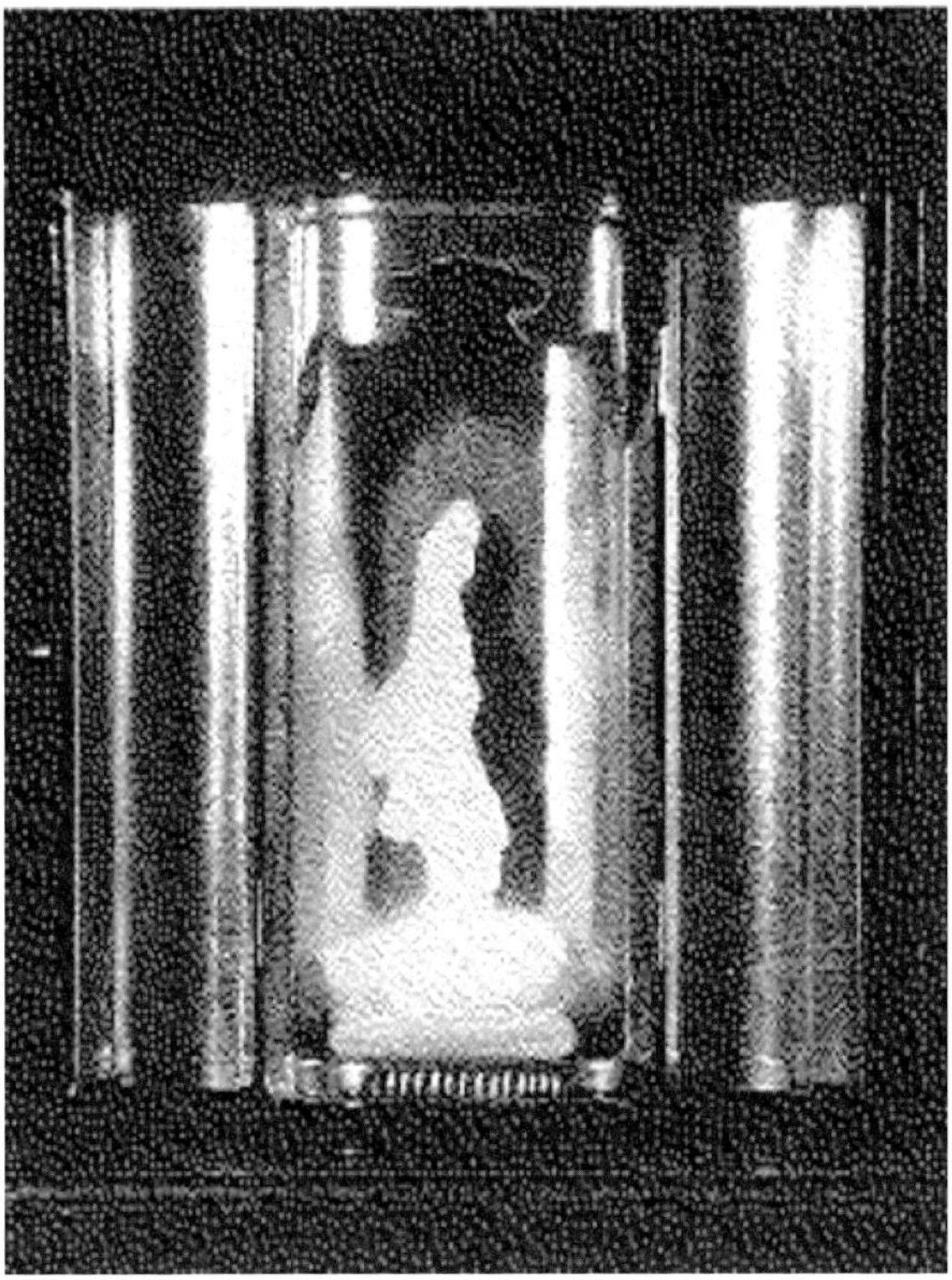

15センチのロウソクのロウが溶けて流れ、一滴の無駄も無く、高さ5センチの立体の白衣観音像になったのです。昭和45年2月17日、毎日新聞和歌山版に「灯台」と題して掲載されました。

ずるようにさせせられたのです。

その写真が昭和四十五年二月十七日の毎日新聞和歌山版に「灯台」という題で掲載されたものです。私はこの現象を偶然な出来事、不思議な別世界の出来事だとせず、解明しようと試みたのです。それには、私が今まで歩んで来た人生を顧みる必要がありそうです。

私のこれまでの人生は、〈大聖師のみ許への旅〉そのもののように思えるのです。

初めて着た僧侶の衣

私は昭和十九年、左官杉原芳夫、八重子の子として、山口県下関市菊川町で生まれました。高校三年の終わりの時、虫垂炎を患い、大学の入学試験を受けず一年浪人することにしました。その年の二月の終わり頃だったのです。枕元に観音様が立たれたような気持になり、その結果、山口県豊田町の華山神上寺という山寺で受験勉強をするつもりで部屋を借りたのです。

山寺での生活は、三食ともカンパン、朝七時起床、修行者の真似をして、二十分くらい白糸の滝で水に打たれ、その後二、三時間読経。昼になると食事をして、滝の水に打たれ、一時間くらい読経。夜は一時間くらい読経、後はすべて自由時間。受験勉強はあまりせず『泉鏡花全集』に熱中。受験勉強は、さぼることしばしばで、このような生活を半年ばかりしたものです。

そうこうしている内に托鉢の修行がしたくなり、寺の奥さんに「托鉢がしたいので、衣を御貸し願えないものだろうか」と懇願したのです。寺の奥様からは、「なぜ、そのようなことをされるのですか。お坊さんでもしないのに」と言われました。それは、私がちょうど十九歳の時です。まだお経も満足に読むことが出来ない時でした。

初めて、僧侶が着る衣を寺の奥様から着せて頂き、私の知っている西市の街に歩いて行ったのです。恥ずかしくなり、経文に目をやり、沢山いる人波から逃げるように早足になり、小さな町を通り抜け田舎道に入りました。そして、生まれて初めて、一軒のお店の前で勇気をもってお経をあげたのです。お店の人から「ごくろうさま」と言われ、三十円のお布施を頂いたのです。

その日は目的地であった狗留孫山修善寺という山寺の奥の院の修行場で、滝の音を聞きながら、少し寒いので衣をかぶり、板の上にそのまま眠りました。翌朝、寺の本坊にありがとうございましたと言い、山を下りていると寺の奥様が走って来られ、「朝のおにぎりをどうぞ」と言われ有難く頂きました。

華山神上寺に帰る途中、一軒の貧しそうな百姓家から、腰の曲がったおばあさんが出て来られ、「お坊さん、喉が渇いたでしょう。お茶をどうぞ御接待さして下さい」と言われたのです。私は家の中の土間の足踏み台の上に腰かけていると、奥から黒っぽいコップにお茶を入れて持って来られました。一瞬飲むことを躊躇しましたが、思い切って頂きました。しかし、そのお茶は私の心の隅々まで染み込み、この世でこんなに美味しいお茶があったのであろうかと思いました。いまだに、そのお茶のおいしさを思い出す時があります。

私はこの時、初めて〈誠なる親切〉を味わい、それが如何に功徳があるものか分かりました。私はそのおばあさんの幸福を心から神仏にお祈りしました。少年の胸の中は新しい経験で一杯にされ、無事に神上寺に帰り、前と同じように滝行をしたり、お経を読んだりしたものです。

そうした或る日、私の後方に三体の金色に輝く生きた仏様が、前向きの姿勢で座られているお姿を拝することが出来ました。私がお経を読んでいる最中の出来事です。私は目をパッチリ開けていました。何故、眼を開けている私に仏様が見えたのか、不思議でなりませんでした。

別の日には、宇部市のほうからお寺に十人前後の信者を連れて一人の男性の行者が来たのです。その行者と信者は、白糸の滝の水が行ずる人に上手く掛かるように、鉄パイプを滝の上に取り付けたのです。私はその時、寺のあたりで宇部に帰る行者に突然、「金の仏像をくださいますね」と言ったのです。

自分ながら、なぜ初めて会った行者に、突然関係のない言葉が口から出たのか判断しかねました。行者が言うには、「もし貴殿が滝の水が落ちるように、鉄のパイプを取り付ける手助けをしていれば」と言われたのです。その時、私は〈いや、仏像を下さるのはこの行者ではなかったのだ、これは何年か後、私に起きることだ〉と思ったのです。それらのためか分かりませんが、だんだん神秘世界に対して興味を持つようになったのです。

インドへの旅

私は自分という人間が判らなくなり、自分自身を見つめることに努力するようになりました。そして、高野山大学に入学し、密教科を専攻することにしました。その時期にまず考えたことは、仏教とは己を見詰めるための手段なのだろうか、それとも仏を売るための学問なのだろうかということです。青い鳥のチルチルミチルは幸福を追い求めました。

私もいろいろ考えた末、仏を探そうと考えたのです。「青い鳥」のように、最後は自分の心の中に有ることを想像しながら、自分の心に有ることを確かめるため、仏のみ許への旅を考えたのです。

そこで、先ず仏陀釈尊の地、インドへの旅を考えました。同じ行くならば三蔵法師のように、中国を歩き、チベット、ネパール、インドのルートを真剣に考えました。そして、金と体力と精神力を造らなければならないと思い、金はアルバイトで、体力は山岳部で、精神力は托鉢でと考えました。金銭造りは、家庭教師や寺のアルバイトで、体力造りのために入部した山岳部は、お金がかかるので退部し、体力造りと精神力造りを兼ねて托鉢をすることに決心しました。

それは、大学一年生の終わりの二月、雪の降る日だったと思います。高野山の友人に見送られ、一路山口県下関の故郷を目指して歩いたのです。私の心の中には、〈一日托鉢したお金は、一夜の宿を下さった所に布施させていただいたほうがいい〉という思いがありました。しかし、一銭も無い旅は何かしら不安です。

托鉢第一日目。一軒一軒托鉢しながら、目的地である友人の寺に泊めて頂きました。その寺に、夜半一人の浮浪者が来て「寺に泊めて下さい」と頼まれました。寺の奥様からは、「このような人は数多く来るので、気にとめないでください」と言われたのです。あまり煩いので私が玄関に出ますと、「泊めてくれなくてもいいので、お金をくれ」、「今日は宿も無いし、食べる物も無い」と言うのです。

私は、今日托鉢して少しばかりの金銭があったのですが、明日は友人もいないし、泊まる所もないが、いいや、彼に布施させて頂こうかと考えたりしたのです。しかし、悲しいかな私の口から出た言葉は、「私も乞食坊主、一銭も持っていないので辛抱してくれ。貴殿はまだ三十代ではないか」と言ったのです。そうすると、その浮浪者は寂しそうに寺から出て行きました。

私はその時、自分の愚かさに気付き、嘆かずにはおられませんでした。私は自分の愚かさを恥じ、寺から去って行った浮浪者を探しました。しかし、もう彼の姿は無く、二度と見ることは出来ませんでした。私は明日の旅に不安を感じました。お金に執着し、愚かにも僅かばかりのお金に拘ったからです。

なぜ即座に有り金全部を与えなかったのかと、つくづく考え、神仏のお諭しだと強く思ったことが、今もなお私の心に残っているのです。案の定、次の日は宿も取れず、とうとう野宿をする羽目になりました。そして、この托鉢の旅は、岡山県笠岡市の先輩のお寺さんで終わりとなりました。

先輩の母君からは、「もう電車に乗って帰られたらどうですか」と言われ、山口県までの電車のキップを頂き、私の旅は十五日目で終わりとなりました。この時ほど、自分の心の弱さを感じたことはありませんでした。我が家に帰り、二度とこのような過ちはすまいと決心したのです。

この程度で失敗するのですから、インドの旅など遂行出来ないと感じました。心を入れ替えアルバイトに精を出しました。隣の国、中国は日本と少し関係が良くなりそうでしたが、また関係が悪くなり大陸からのインド参拝が難しくなり、海からのインド参拝に切り替えることにしました。精神力と体力は少しずつついたのですが、お金のほうがなかなか出来ず、本も買わず、食べる物も減らしたのですが、三十万円という大金は学生の身ではなかなか出来ませんでした。

インド行きを両親に言えば不安がると思い、言うことも出来ず、インド行きを断念しようかと思ったものです。もう人事を尽くして、神仏に祈る以外どうすることも出来ぬと思い、高野山女人堂の釈迦如来様に願かけをし、大学の紫雲寮から真夜中に百日間、裸足で寒い日もインド行きの祈願をしました。

その願いが適えられたのでしょうか。自力で三十万円を作り、友人や教授、両親から十五万円程度援助して頂き、とうとう待ちに待ったインド行きが実現したのです。

インド仏跡の巡礼

フランス船ベトナム号の船客となったのは、昭和四十年二月だったと思います。私が大学二年生から三年生になる春休みでした。乗船客はいろいろな国の人々で、なんだか洋画の一場面の中に自分がいるような錯覚を覚えました。

船は途中、香港、フィリピン、タイ、シンガポール、セイロン（現・スリランカ）と種々な国に寄港し、異国の情緒を味合わせてくれ、仏陀の地、インドに近付きました。インドに近付くにつれ、黒人の水夫は私を脅かすのです。インドは至る所に盗賊がおり、人を殺して荷物を取ったりするし、チフスやマラリヤがあるし、ライ病患者が至る所におり、すごく恐ろしい所だと言うのです。そして、今は真夏なので、インド人ですら旅行しないくらい暑いので気を付けるようにと言うのです。

船は灼熱の国、インドのボンベイ港に静かに真白い大きな船体を横づけたのです。

私は船のデッキに出て、藤井日達上人の紹介状を大事に持ち、日本山妙法寺からの迎えの人を探しました。やがて一人の青年が大きな声で「杉原さん」と呼んで、私を探している声を聞き、安心したものです。

その足ですぐ日本山妙法寺を訪問しました。私はその学生から日本山妙法寺の渡辺上人はラジギールに大岡實教授をお連れして、多宝山に仏舎利塔を建立する下準備のため行かれていることを聞きました。そして、「ラジギールにまず参拝されて、インド仏蹟巡拝されてみては」と言う渡辺上人の言葉にしたがって、二日間ボンベイに滞在し特急列車の乗客となりました。

ラジギールに向かう途中、二日目の昼頃だったと思います。汽車めがけて嵐が吹き荒れたのです。それはそれは熱い風でした。一、二分すると砂が舞い上がり、砂と熱風が汽車を取り囲んでしまったので、蒸し風呂のようになりました。いやはや驚きました。自然の恐ろしさをまざまざと見せつけられました。三日目の昼頃、バスに乗り換えてラジギールの日本山妙法寺に着きました。渡辺上人、八木上人等数名の僧侶方々が迎えて下さいました。

横浜大学の大岡實教授のために、インド政府から貸し与えられた自動車に便乗させて頂き、悟りの地ブダガヤやナーランダ大学跡、法華経説法の地、霊鷲山やプウリ等を案内して頂きました。ラジギールで、昔、お釈迦様も御入浴された温泉につかり、体を清め、その裏山に登りながら祈願したのです。

「私が、仏道に縁がありますならば、釈尊よ！　どうぞ、この晴れている真夏のインドの地に、ラジギールに慈雨を降らせたまえ」と。そうすると少し風が出て来たのですが雨は降らず、諦めて山の頂上まで登山し、また祈願したのですが、雨は一向に降る気配もなく、しょんぼりして日本山妙法寺に帰って来たのです。

帰って数分すると、スコールのような雨が降り出したのです。私はいつも降るスコールだろうと思って不思議に感じなかったのですが、これからカルカッタに向かわれる大岡實教授に、渡辺上人と八木上人が「この雨は、大岡實先生が多宝山に仏舎利塔建立のためにこられたので、仏さまが雨を降らして下さったのでしょう。このような真夏に雨が降ることはめったにないですから」と言われたのを聞いたのでした。

私は両上人の言葉を耳にして、「おお！　神仏が我が願いを聞き入れて下さったのだ。ネパーネパール国に行けば必ず、金の仏像が手に入るであろう」とすぐ感じたのでした。大岡教授を見送りにカルカッタまで同行し、日本に帰国されるのを見送り、その足ですぐパトナに行き、パトナの仏像彫刻家の所に一宿し、次の朝ネパールに向かって私は飛行機の人となりました。

この飛行機は双発の二十人乗りで、三十年前は素晴らしく新型であったであろうと思われる機種です。プロペラがガタガタ、ブルブル回転し始めました。一路ネパ|ルへと力強い振動をともない、左右に大きく揺れながら大空へ向かって飛び立ちました。

しばらくして眼下を見ると、インドの母、ガンジス川は真赤な大地の上に、あたかも大きな蛇のようにあちらにうねり、こちらにうねりながら流れていました。辺り一面、真赤な大地ばかりで、自然と深い夢の世界に入ってしまったのです。

飛行機が大きく揺れたので驚いて目を覚ますと、もうネパールの街カトマンズの上空に来ていました。海抜二、三千メートルもある山岳の国ネパールを訪問しました。日本人と実によく似た人種で、なにかしら日本のどこかに来た感じでした。さっそく宿を探し、カトマンズの街を散歩したのです。

五百ルピーの金の仏像

私はラマ教のエキゾチックな寺や、ヒンズー教寺院を訪問したりしました。カトマンンズ訪問二日目、私の足は自然に、ある一軒の骨董屋に向いたのです。中に入りますと、ネパール語で「素晴らしい仏像が奥にあるので見てくれ」と言っているように聞こえたのです。私はラジギールの予告もあったので、その店の奥に入って行ったのです。

そこは、一人の老人が何か造っている所であり、近くにインドの貴婦人の親娘が真珠やメノウのアクセサリーを見ていました。奥の老人は私の顔を見て不思議そうな顔をしながら自分達の仕事に熱中しています。案内した男は、真黒い金庫を開き、一体の金色に輝く金の仏像を私に見せたのです。

五百ルピー（約一万五千円）で売ると言うので、少し安くするようにと、手で〝話す〟のですが、駄目だと言うのです。では、また明日来ると言って帰ろうとすると、貴婦人の親娘は、何か言いたい気持でこちらを見たのですが、私はそのまま店を飛び出て、ホテルに帰りました。次の朝、どうしてもその仏像が欲しくなり、とうとう五百ルピーで買ってしまいました。

私はカトマンズに四、五日滞在し、ネパール国を後にして再度インドを訪問しました。すぐパトナにもどり仏像彫刻家に見せたところ、「この金の仏像はグプタ王朝時代の仏像だ。実に素晴らしい。一生涯持っているように」と言われたのです。私はパトナを後にして、初転法輪の地サルナート、インドの聖地ベナレスの街を訪れました。

インド文化の母、ガンジス川の清流の流れの中に舟を出し、清らかな流れの中に手を浸し、仏陀の姿を夢見ました。また、ニューデリーのガンジー翁の墓の前で冥福を祈り、仏教芸術の町サンチに立ち寄り、世界最大の石窟寺院のアジャンタ窟、エローラ窟を訪問しました。私はここに来て、初めて心から仏教の教えで我が心の悩みを解決しようと思うほど、荒涼とした大地に信仰の力に依って出来た不滅の灯明がそこにはあったのです。

大きな釈迦如来像、美しい観音菩薩、天女の美しさ、偉大な曼荼羅がここでは二千年の間生きているのです。石窟寺院に落ちる真赤な夕焼け、その夕焼けを受けながら遊び戯れる猿の姿、仏教徒の力強い信仰のエネルギーが私の身体の隅々まで入って来るようでした。私は自分の選んだ道に自信を持ちました。

私は昔の仏教徒の心を思いながら、ボンベイの日本山妙法寺に帰り、四、五日身体を休め、日本に帰国するフランス船ベトナム号の船客となりました。途中、台風に遇い、大きな船も小さい木の葉のように揺れ、一時どうなることかと思いました。私は、フィリピンの夕焼けの中で、東の国、日本に生まれてよかった。私は、素晴らしい日本に生まれるべくして生まれたのだ、と強く心の中に感じたのです。そして一段と日本の文化に興味を持つようになったのです。

船は六月の終わりに、神戸港に私を運んでくれました。懐かしい日本に帰り、すぐ友人と一緒に鮨屋に入り、鮨を食べたのです。

高野山に着くと、私の心は深い安心感で一杯でした。ああ、日本の歴史の中で生活しているのだ、という気持がより強くなりました。そして私は、高野山の歴史を改めて勉強する気持になったのです。過去のインド人たちの仏教に対する情熱に打たれ、あれだけの文化を造った仏教徒に心からの尊敬の念が沸き起こって来たものの、仏道修行に精進しても安心だと思う訳には行きませんでした。やはり、幸福の青い鳥はインドではなく自分の心の中に居るのだと、強く実感するようになりました。

インドから帰国後、三ヵ月して高野山の歴史や弘法大師を理解するため、四国八十八箇所参拝を思いついたのです。それは昭和四十年七月の終わりに出発し、約二十五日間を費やして参拝しました。山また山の四国の旅は大変苦しく、途中四国一周旅行に変更しようかと思ったくらいでした。

自転車は自動車と違い、自分の足を使用しなければ一歩も前に進みません。山を見れば、ああ、あの山をまた自転車を押して上がり、押して降りなければならないのかと思うと、徒歩の参拝のほうがましだったと思ったものです。真黒に日焼けし、足が慣れた頃には、四国八十八箇所参拝も終わりに近付き、私の心はすっかりインドのことも忘れ、日本の文化や自分自身を見詰める心に戻りました。

四度加行の神秘

昭和四十一年四月、高野山に両親を伴い、報恩院住職山口耕俊大僧正のもとで得度式を受け、僧侶になるために高野山の修行道場、専修学院で百日間の四度加行《しどけぎょう》という修行に入りました。

四度加行は、真言宗の僧侶であれば誰でもしなければならない修行であり、これを修了しないと真言宗の僧侶になれないのです。この修行は四つに分けられ、初めの十八道から金剛界、胎蔵界、そして最後に護摩に入るのです。この修行方法は、弘法大師時代には使用されず、大分後になって僧侶の資格を与えるために、このような方法が取られたようです。

私の専修学院での修行は特別で、毎日朝四時頃起床し、一日三回、次第に従って行法し、夜十時頃床に就き、一日の行が終わるのです。四度加行の十八道、金剛界、胎蔵界を終わり、八十日頃護摩の加行に入った時、大壇といって仏様の世界を表現した正方形の壇が修行する者の前に有るのです。この大壇の上に五本の造花の蓮華があり、五本の色は全て違うのです。

私がいつものように修行に入ると、時計のカチカチという音がハッキリ聞こえて来るのでした。私は時計を持って修行に入っている訳でもなく、あたりを見渡せども、何もそれらしきものはないので、そのまま最後まで修行を続け、一日の行を終えると、ふと前の壇の蓮華の華に目が向いたのです。大壇の右奥の華からカチカチという感じの良い音が出ているではありませんか。そして、四、五日すると左の奥の華が同じように鳴り出し、次から次へと、とうとう五本全部の蓮華の華からカチカチ、カチカチと気持のよい音を奏でるようになったのです。

不思議な華の音の噂を聞いた院生五十名あまりの僧侶は、改めて蓮の花から発する音を聞いて驚き、これは気候のせいだ，湿度のせいだと、とにかくいろいろな意見が飛び出し、造花の蓮華の華を花瓶から取り出し、ぽんぽん叩いたりして原因を追究してみるのですが、なかなかその原因が分からず、四、五年経ってもカチカチと気持の良い音を立てて鳴っていたそうです。

私には蓮華の華の鳴る原因が判る筈もなく、多分、仏が何か私に遠い将来に良きことが起ることの予告をされているのであろうという程度で、気持の良い音の中で無事百日間の修行を終えました。

大学では一週間の内、三科目だけ聴講する毎日が続きました。が、大学の卒論は数ヵ月後に迫り、卒論テーマの「即身成仏義」に重きをおいたものか、それとも求聞持法《ぐもんじほう》の修行に時間を割いたものか、少々迷ってしまい高野山大学松長有慶助教授に相談しました。

その結果、求聞持法を修行したほうが今後のためにいいだろうということになり、その年の七月の中頃、求聞持法を修する為、四国の大竜寺に参拝しました。大竜寺は弘法大師空海上人が若き青年の時、勤操大徳より求聞持法を授かって修行され、明星が大師の体内に入った場所として有名です。

私は、弘法大師空海上人が修行された過去を想像しながら、空海上人が修行された同じ場所である舎心嶽で四十日間かけて虚空蔵菩薩の真言を百万遍唱えました。神秘現象は何も起こりませんでしたが、私の心は大きな安心感で満たされました。それはインドでも味わうことの出来なかった心境で、私の第一の人生の終わりを意味し、第二の人生のスタートのような気持でした。

無事、卒業論文も書き終わり、高野山大学を卒業し、アメリカの開教師としてロサンゼルスの高野山別院に派遣されることに決まり、アメリカ行きの手続きを取る期間、高野山奥の院で行法師として修行することになりました。

大聖師と奇蹟の出会い

アメリカ行きを待ちながら私は、高野山金剛峰寺の行法師という職員の立場で、高野山奥の院の宿舎に三月から入り、弘法大師の御廟所で修行をしていました。昭和四十三年四月の終わり頃だったと思います。その時に不思議な夢を見て目を覚ましました。夢の中に白髪の老人が現れたのです。私は夢の中で白髪の老人に語ったのです。「白髭稲荷大明神様、私はまだ修行中の身でございます。今は、まだ御遠慮願うのみです」と言って、白髭稲荷大明神様に引き上げて頂きました。その瞬間、私は「大いなる大聖師」との出会いを約束されたように感じ、今後どのような神秘不可思議な聖者に出会っても驚くまいと心の中で誓ったものです。

昭和四十三年五月、アメリカ別院の総監から、アメリカ布教に来る前に別な所で少し修行して来るように言われました。総監から東京の大元密教《だいげんみっきょう》で修行して来るようにとの命令が出たのです。私は奥の院での修行途中なので、他所での修行に興味はなかったのですが、総監の命令でもあったので、直ちに奥の院の修行を打ち切り、横浜市中区の増徳院藤井真水僧正を訪ねました。そして、藤井真水僧正に同伴されて大元密教本部を訪問しました。電車の中で「大聖師」の行われる神秘現象の数々を聞かされた私は、藤井僧正の言葉にただ儀礼的に相槌を打つ程度で聞き流していました。

「大聖師」の御室に入室させて頂いたのは、確か昭和四十三年五月十日だったと記憶しています。藤井真水僧正を通じ、一ヵ月間の修行をさせて頂けますようお許しをお願い致しましたところ、「大聖師」はお気軽に私の願いをお聞き入れ下さいました。

大元密教の先生方から、「大聖師の御前で正座しているだけで不思議な現象が表れますよ」と、よく言われたものです。しかし、一日たち二日たっても何も起こりませんでした。私も二、三日間ですぐ神秘現象なるものは現れ無いことくらいは少し知っていましたので、起こらないのが普通だというくらいに思っていました。

それから一週間ほど経ったでしょうか。「大聖師」の御前にて修行させて頂いたある日、行中にインドでのある一つの出来事を思い出したのです。それはインド仏跡参拝を終え、ボンベイの日本山妙法寺に帰った時のことです。フランス船ベトナム号という客船に乗る予定にしていたのですが、ストで三日間遅くなりました。そのため、釈尊生誕を祝う花祭りが日本山妙法寺で行われたことに出会うことが出来たのです。

私は、日本人ということで貴賓席の末席に座っていました。花祭りの途中、一人の中年のインド人が、私の座っているイスの前に来て、私の両足に三礼するのです。私は驚いて「止めて下さい」と言いました。しかし、インド人は普通の挨拶をするように、頭を床につけ、私の両足に礼拝したのです。私はインドから帰国後、この礼拝を「永遠なる師」にお返ししなければと常に思っていたのですが、礼拝を捧げるべき素晴らしい「大聖師」にお会いする機会を持つことが出来なかったのです。

大聖師の正座観法の行中、突然、「私の前にて行を付けて下さっているお方こそ、心の底から礼拝を捧げるべき尊き〈大聖師〉であり、私の長い間探し求めていた師である」ということを強く感じたのです。また、或る日の行中、私の心の中から次のような言葉が浮かんで来ました。「お前の一番大切なものを至急仏に供養せよ」と。私は不思議なインドの出来事や、懐かしいネパールでの出来事を思い出したのです。

その時、私の一番大切なもの、それは私の心でもある金の釈迦如来像以外なにもないということが分かったのです。その金の釈迦如来像は、私の念持仏として生涯離すことは無いだろうと思い、毎日何処へでも持ち歩いていたのです。私の出来る供養はこれのみだと思って、正座観法なる修行が終わると、すぐ宿舎に帰り「大聖師」に釈迦如来像を供養させて頂きました。すると「大聖師」は、「儂にはこれは必要ないので、お前の修行が終わる時、釈迦如来像に魂を入れてやろう」と仰せられました。

修行が終わりに近づいた頃、ある先生が「大聖師」は貴方の故郷の神上寺に布教に行かれたことがございます、と言われたのを聞きました。この時、七年前、宇部市からきた「一行者」に言った言葉を思い出したのです。「金の仏像を貴方は下さいますね」と。また、インドでの慈雨といい、ネパールでの「金の仏像」買い入れといい、細い一本の不思議な糸に操られている自分に気が付いたのです。

大元密教の修行が二ヵ月になり三ヵ月になり、とうとう百日間修行させて頂くことになりました。私は、大元密教の師が「大聖師」であられ、大元密教に来なければならぬ運命にあると知りつつ、若い青春の血は遠い異国の地を想って、アメリカ行きに心は燃えていたのです。

私はアメリカに三、四年滞在し、中南米、南米、アフリカ、ヨーロッパと世界一周の托鉢行を夢見ていたのです。そして、遠い過去から約束された年月、一九七五年に日本に帰国し、「大聖師」の許に帰り、師弟の縁を結ばせて頂こうと思っていたのです。私は自分自身を納得させ、大元密教本部に後ろ髪を引かれる気持で東京を後にし、高野山に戻りました。

高野山での精神生活

高野山での精神生活が一変し、本来の出家者の道を歩まなければならぬと強く決心しました。どうした訳か、アメリカ行きが延び延びになり、高野山の師がおられる報恩院に戻り、布教師としての予備知識であるお花、お茶、御詠歌、宗教舞踊等を習ったのですが、どうしても私の心は満足出来ず修行したくなり、山口県で修行出来るよう高野山の立里三宝大荒神様に参拝し、また、奥の院地下御法場で一夜を過ごして祈ったものです。

大元密教本部における修行によって魂が浄化されたのだと思います。地下御法場で礼拝し座したと同時に、電磁気に打たれたように、深い、いい知れぬ気持になって手を合わせていること三時間ばかり、感激の涙で頬がバリバリに張ったようになりました。次の朝、故郷山口県に帰り、我が家で修行の準備を整え、山口県の山寺である狗留孫山に行き、奥の院の修行場で二、三日何の修行をすればよいか悩んでいました。

「求聞持法」か、それとも「観音の法」をしようかと、十一月三十日の夜中になっても決まらず、どうしようかと悩み、明日決めればいいではないかと思い、その日は寝てしまいました。翌日の朝、十二月一日に「大聖師を念じよう」と思ったのです。現実に生きておられる尊師を拝むということは、今のいままで考えてもみなかったことです。よし、「南無大師教主大玄聖人」と念じようと心に決めたのです。

灯りといえば、ロウソクの火だけを頼りにラックスパンだけをかじりながら、右に滝の音を聞き、「教主様！　教主様！」と何回も何回も叫び続けました。途中八十万遍くらいだったと思います。夜が寂しくなって経本を開いたのです。そして光明真言を唱えたのです。すると、不思議にも自分が不空羂索観音さまになったように感じたのです。これで今回の修行は終わったと思いましたが、霊験があったので、これで終わりとするのではと考え、残り二十万編を唱えることを心に決め、無事十二月二十七日、百万遍を唱えることが出来ました。

我が家で正月を過ごし、昭和四十四年一月の初め、九州地方で有名な篠栗の御大師様八十八箇所を参拝し、天孫降臨の地で有名な高千穂の峰等を参拝し、昭和四十四年一月二十九日、高野山に戻りました。

アメリカ行きを待ちながら、二月一日、再度奥の院灯籠堂地下法場で修行することになりました。私は、毎日三座弘法大師法を修することになりました。毎日弘法大師に法楽を捧げ、無意識の内にいろいろな真言宗の修行をするのでした。

真言宗の行法次第というのは、大部分、口に真言を唱え、手に印を結び、初めは仏様をお迎えするために自己の身体を清め、仏様をお迎えするために真言と印を結び、そしてお迎えした仏様と行者が一体となり、仏様の境地、仏様の誓願を自分のものにして、それが終わると仏様に元の世界、曼荼羅の世界にお還り願うというものです。この秘密の行法を修すれば、拝んでいる仏様や神様が真実目の前に現れ、親しく法を説いて下さると、全ての経典、行法次第に書かれているのです。

過去や現在の多くの真言行者は、この経典、次第等を信じて修行するのですが、真理に到達することは不可能であったように思えますが、小さな神秘現象は多々あることは、私を見れば理解出来ると思います。

不動八千枚護摩の秘法

或る日、高野山の友僧松本諦暢師が一度不動八千枚護摩秘法を修行してみたらどうか、と私に勧告してくださり、一度修行してみようということになりました。この秘法は、真言宗では求聞持法と並び大行だと言われていることです。

この秘法は玄海法印がよくなされ、また、近代では明治の傑僧釈雲照律師も修行されたと聞いております。これは不動明王を本尊として拝むのですが、お釈迦様が人間界に八千回お生まれになって、最後に仏陀となられたことを意味しており、護摩の最後の日に護摩木八千本を一本一本丁寧に焼き、その徳を頂くという行法です。

私は玄海法印にならって、昭和四十四年五月一日より五月二十九日まで奥の院不動堂で修行したのです。その時、助僧して下さったのが上川光正、西来路弘宣、松本諦暢師の三僧でした。その時を機に三僧との御縁が深くなって来ました。その修行に入った半ば頃だったと思います。「永遠なる師、教主大玄聖人様」は私の修行を察知されたのでしょうか。別なる世界、神秘世界を通じて不思議な現象を二度、三度体験させて下さったのです。それは霊夢と言ってよいでしょう。

私が結跏趺座している膝の上に、不思議な人が上がられるのです。よく観ますと、教主大玄聖人様なのです。結跏趺座している私の膝の上で結跏趺座されたのです。その時、全身に力強い電気が流れ、身体全体硬直状態になったのです。そして、次に不思議な人が私の手を引っ張られるのです。

よく観ますと、釈迦如来であらせられ、私の手を強く引っ張って、或る塔の中に引き入れられたのです。その塔はブッダガヤの塔によく似ていたように感じました。私は、この意味を理解することが出来ずに成満の日になったのです。

その間にアメリカ開教師の件も断念しなければならないことになりました。成満の日は、不思議と大音響の雷が鳴りわたり、雨が私の身体を浄めて下さるようで、三僧の温かい協力を得て、無事護摩木八千枚を焼き尽くしました。

仏舎利での感得

アメリカ開教師を断念した後、金剛峯寺本山より、タイ国留学僧として行くよう命令が来たのです。もしタイ国に二年間留学してくれるなら、帰国した後、君の好きなネパールに、ネパール留学僧として行ってもらうことを約束しようと言われたのです。タイ国に行く決心をした矢先き、私の友人である観音行者、桶尾ユキエという五十二歳の女性から、観音様のお告げで「タイ国に行く必要はない。高野山で修行するように」と出たと言われたのです。タイ国に行くのは、止めたほうがいいと言われたので、私は少々悩みました。

私もまだ高野山での修行が残っており、勉強したいことが山ほどあったからです。すぐ、藤井真水僧正を通じ「大聖師」にお聞きして頂いたわけです。そうしますと「行く必要も無かろう」とお答え下さったとのことでしたので、私はタイ国行きも断念し、高野山に残り高野山ですべき修行に専念したのです。それから毎日、真言宗の次第、諸大事等を次から次へと書写したのです。

その年の八月末、私は霊峰大峰山にて文殊五落刃法《もんじゅごらくじゃほう》を修するため登山したのです。文殊五落刃法とは仏舎利五粒を中央に、そして東西南北に配して文殊菩薩の真言を五十万遍唱える修行です。五十万遍唱えた後、五、六歳の童子が現れて法を説くと説明してあるのです。

私は、大峰山に修行に行った時はまだ仏舎利を持っていなかったものですから、とにかく五十万遍を唱えることのみを考えていたのです。ところが、どうしたわけか文殊法を修する気持になれず、「役の行者」に法楽を捧げるようにとの気持になったのです。私は文殊五落刃法を諦め、五日間理趣経等を何十回もあげ「役の行者」に法楽を捧げ、高野山に帰山しました。

高野山に帰山したその足で、私は小さい社を造るために建具屋に行ったのです。そうしますと、そこの主人が是非仏壇と社を見てくれと言うのです。しかたなく社と仏壇を拝まさせて頂いたのです。

私が仏壇で手を合わせますと、Bの霊のためお経をあげて下さいと観ずるのです。そこの主人に、Bと言う名前の霊はおりませんかと質問したのです。主人は、そういう名前の人はいなかったと何回も言われるのです。そこで、大変申し訳ありませんが過去帳を調べて見て下さい、と言ったのです。

主人は何回も調べており、とうとう小さく書かれたBという童子が見つかったのです。主人は大変驚きまして、このBと言う子供は、明治の初め川にはまって死んだそうだ、と聞きましたと言われたのです。私も安心して仏壇に向かってお経を唱えていますと、何か力強い感じがするのを観じたので、その仏壇を調べたのです。真黒くすすけた火炎型の入れ物の中に、仏舎利が沢山有るではありませんか。

そこの主人は、「そのようなものがありましたか。どうぞ全部持っていって下さい」と言われたのですが、七粒だけ頂くことにしました。この仏舎利は、高野山の真別処の本堂にお祀りされていたそうで、江戸時代の終わり頃、建具屋のおじさんがそこの住職だったそうです。

弥勒三落刃法の霊夢

私は上川、西来路両僧の要望により、仏舎利を二粒分配するため、また修行せざるを得なくなりました。仏舎利七粒あるときは弥勒三落刃法を修行するのが一番良いということが分かったので、昭和四十四年十一月二十三日、地下法場で仏舎利七粒をお祀りして、弥勒菩薩の真言三十万遍を唱えることになりました。修行途中、前高野山大学学長上田天瑞法印から、赤倉山スキー場の近くに三十万坪の土地に一億円の寺建立の責任者になって貰えまいか、と、実に甘い勧誘がありました。その夜、不思議な霊夢を見たのです。

「一人の僧侶と二童子が現れ、私に内観の法（如意宝珠を飲み込む方法）を何回も何回も教えて下さるのです。なかなか、如意宝珠は腹の中で燃やすことが出来ずに苦労しておりますと、力強く腹に力を入れよと命令されたのです。そしてようやく、如意宝珠を舌の上で燃やし、無事腹の中まで持って来ることが出来、腹の中で燃やすと、〈よし〉と言って一人の僧侶と二童子は消えて行ったのです。」

一人の僧侶という方は、密教教主の竜樹菩薩様でした。そのようなことが有り、十二月六日、無事弥勒三落刄法を成満することが出来たのです。その後、仏舎利二粒を上川、西来路両僧に進呈させて頂き、その後、私の修行は休むことなく続き、暇があれば真言宗の行法次第を書写し、あらゆる尊法を書写させられたのです。なにかしら、高野山での修行がそろそろ終わりに近づいているような気持になっておりました。

アメリカ開教師もタイ国留学僧も大寺院も、私が求めている真理の道ではなかったのです。真言密教の修行は神秘世界への修行であり、一度、密教の世界に足を入れると、神仏の世界を正しく判断し、邪教へと向かわぬように正しく導く大聖師が必要でした。巷には数多くの霊能者、霊感者と言う人々がおります。私は彼らの霊能、霊感に対して疑問を懐くのです。もし仮に神秘世界、悟りの世界がこの人間世界に存在するならば、その世界を多くの人々に味わわせる必要が有ると思うのです。

釈尊の説かれた多くの経典は、我々現代人の理解しかねる神秘の数々です。全ての宗教には数多くの奇蹟はつきものです。そして、この奇蹟の裏付けによって長い歴史の間生きて来たのも事実です。特に仏教の経典の多くは、自己が修行することにより、その結果得た心境を多くの人々に分け与えようという方法が取られて来たのです。

現在の仏教学者は事相、教相の面を考えず、事相の世界から生まれた教相面、つまり学問的な面のみ重きを置くので道徳教になり、多くの自己矛盾を感じさせるのが大部分です。二十世紀最大の聖者と言われているラーマクリシュナ。彼は果たして学問によってあれだけの智恵を得たのであろうか。その弟子であるヴィヴェーカーナンダが聖者に質問した言葉は「神を如実に見ることが出来るか、神と話をすることが出来るか」という人間が常に持っている簡単な質問だったのです。「ヴィヴェーカーナンダ、貴殿が見えるように、それより以上に私は神をハッキリ見ることが出来るし、話も出来ます。」という解答なのです。確かに真言宗の行法を修すれば、神秘現象を体験することは出来ます。神秘現象を体験すればするほど正しく導いて下さる師の存在が必要であることは事実であります。

竜樹菩薩は、今でこそ八宗の祖と言われ尊敬されておりますが、仏教に帰依する以前、生まれながら具わった通力を悪用し、人々を困らせたそうです。そして神通力を持った悪友達と悪さをしたらしいのです。それがバレ、とうとう悪友は次から次へと捕らえられ殺されたそうです。竜樹は改心してそれから仏教に帰依し、八宗の祖に成られたと言われております。そして現在では竜樹菩薩として尊敬されております。そして真言宗の経典である大日経は竜樹菩薩が神通力を使用され秘密世界を写真で写したように、文章で書き著されたものだと言われております。以上のように、真言宗の行法、その他には神秘な面を多々含んでおります。それ故、神秘世界に通じれば通じるほど、正しい導きの師が必要になるのです。

白衣観音像出現の夜

人間として立派な高野山の師、山口耕俊大僧正の七十七歳のお祝いをさせて頂き、高野山の修行も終えようとしていました。それは正しき師、大聖師の許にすこしでも近くにと考えたからです。私は一応出家しました。しかし、なお私の心は激しく揺れ動いていたのでした。寺を持ち住職となり安定すべきか、それとも両親を世話して安心させることが出来るか。いや、そうではないのだ。正しい師の前に侍《はべ》るには、親も妻も必要ないのだ。このことを現在の僧侶は忘れているという、世間的な常識と、出家精神の二つの心に私は悩まされました。そして、私の世間的常識を打ち破るかのように、真白い白衣観音像の出現が起こったのです。その夜、私は奥の院の灯籠堂の宿直になっていたので、夕食を終え、雪に覆われた美しい参道を歩き灯籠堂に入堂しました。朝の神秘な出来事を心行くまで味わい、弘法大師の御廟前に跪《ひざまず》き、「弘法大師空海上人」と「永遠なる大聖師」にお礼の祈りをして床に就きました。すると不思議にも、私の寝ている部屋中、真白い光で辺り一面明るくなり、白衣観音様が私を包んで下さったような感じを受けたのです。

その夜はとうとう一睡も出来ず、朝三時から灯籠堂の五百余りの油入りの灯明に一本一本火をつけて廻ったのです。すると灯明の光が辺り一面金色の光と化し、灯籠堂があたかも不思議な神秘世界の宮殿のような感じでした。そのことは「過去仏の教え」から「現在仏の教え」への扉が開かれて行くように感じたのです。

昭和四十五年二月十一日、藤井真水僧正に伴われ、赤倉山の寺院建立について、大聖師の御室にお伺いさせて頂きますと、「赤倉山の寺は金儲けのためだから止めたほうがよい」というお諭しを頂きました。また、「高野山で何か変わったことはなかったか」との御下問がありましたが、私は別な答えをしてしまいました。

「大聖師」の御室を退室させて頂き、先程の御下問の内容は多分、白衣観音像出現のことをお尋ね下さったのだと数時間後に気付かせて頂きました。そして、白衣観音像は高野山の師のもとから、現在仏であらせる「大聖師」の許に参るべく導きの役割をして下さった菩薩様だと感じたのです。

高野山での師、山口耕俊大僧正にロウソクで出現した白衣観音像を捧げ、「大聖師」のお側に参るべく東京へと旅立ちました（現在、ロウソクの白衣観音像は高野山の報恩院の許に安置され大切に拝まれております）。

大聖師のみ許へ

六年間の長い年月を過ごした高野山を後に、故郷山口県に昭和四十五年三月十四日に帰りました。私は両親に最後の別れのつもりで、私が五、六歳ごろ参拝したことの有る山口県秋穂の弘法大師八十八箇所参拝に両親と共に参りました。そして遂に、東京の「大聖師」のお側に旅立つ時が来ました。その日は春日和の温かい日でありました。大聖師のみ許への旅は、昭和四十五年四月十五日午前七時、故郷山口県菊川町から始まり、私は旅を愛しました。「大聖師のみ許への旅」について、私は旅の日記を書くことの代わりに、藤井、北山両先生にお手紙を認めました。

藤井真水僧正先生　四月八日

四月八日のお手紙有り難うございました。高野山を退職しまして、はや一ヵ月になろうとしております。東京への出発も後一週間を残すのみになりました。私は過去のように今度は何の修行をするとか、そういう考えが起こらなくなりました。経典を読むのすら嫌な気持になるのです。私はそういう時、頭がおかしくなるのではないかと心配するくらいです。現在、自分の頭はただ存在しているに過ぎないという状態です。真言宗の「次第」は書写したのですが、それすら興味がなくなったのです。書写する時はただ夢中に写したのですが、現在の自分は自分の身体を自由に出来ぬ人間のような気持です。

私は自分の将来が完全に判らなくなりました。私には私なりに将来の計画があったのですが、その計画を考えることすら出来ぬ人間に成りました。現在私に残された将来は、ただ「大聖師」のお側に行くということだけです。それから先のことは全然分かりません。私の今回の托鉢は修行だと考えていません。私は「大聖師」のお側に参る礼儀の一方法を使用するにすぎません。私は何も考えず、「大聖師」のお側に歩いて行くことに決めたのです。一足三礼するような気持で！御連絡まで。

藤井先生　四月十九日

前略　四月十五日出発。野宿、四月十六日、野宿。四月十七日、行者宅にて一宿。四月十八日、友人の寮にて宿を取りました。歩きつけておりませんので手足の自由が効きません。第一日目の野宿で身体が冷え、筋肉性リュウマチにかかり、左腕がブラン、ブランになりました。国道二号線は大型車が多く、排気ガスにて苦労します。柳井市より四国の松山に入る予定です。高野山には五月中頃、東京には六月頃着く予定です。私の頭の中はただ自分の足で以って「大聖師」のお側に参拝するというだけで、途中の修行は今のところ頭の中にはありません。また四国に入りまして連絡させて頂きます。

合掌　捨無我　草々

北山先生　四月二十五日

前略　二十二日。愛媛県小松町、二十三日伊予三島市、二十四日徳島県に着きました。私は人間である。凡人である。或る人は言う。「若いのに偉いですね」、また「暇がありますね」、また「働けばよいのに」「廻り道をしなくて、早く大聖師のお側にくればよいのに」「貴方の気持よく分かります」と。世の中は多くの人間が夫々多くの宗教を信じて生活している。日本だけではない。

世界中である。貴女は言えますか、他の教えは全て信じるに足らないと！　私は仏の世界、神の世界が分かりません。己が欲する儘に神仏の世界が手に取るように判り、御教えが分かって初めて神を知り、仏を知るということが出来るのではないでしょうか。現時点では、私は何も分かりません。ただ東京に行くだけです。

合掌　　草々

藤井先生　四月三十日

二十八日、ようやく高野山に着くことが出来ました。高野山で二、三日休養しまして、伊勢のほうに向かう予定です。上川師が奥の院より東京によく行かれるようになり、少々安心しました。私も心残りなく高野山を離れることが出来ます。私の友人で二、三東京に行って貰いたい僧侶がおりますが、なかなか求道ということは困難なようです。私は、今回で一応「大聖師」にすべてをお任せするつもりです。が、時々悪魔の声がささやき、私を苦しめます。しかし、一歩一歩頑張って東京に行くつもりです。

合掌

北山先生　五月五日

昨日は、伊勢内宮に参拝し、今日七時二十分ごろ、渥美の田原町という所に七時頃に着きました。今日は、宿を三度断られました。なぜか、私は一日に一度は必ず断られます。私の過去の悪縁か、現在の姿のためか。断られるということは嫌なものです。しかし、東京まであと数日で行けます。近づけば喜びが湧いて来るのですが、以前と何ら変化のない自分、東京で何をするのやら不安でなりません。しかし、東京に行かなければなりません。現在神にお会いするために歩く道中は、一足三礼と考えていましたが、それすら出来ません。可哀相な孝俊、捨無我です。

合掌

藤井先生　五月十一日

三島市七時出発、昨日同様雨模様。箱根の山に向かい、元気百倍の気持の良い日でした。江戸時代のことを想像しながら歩くこと三時間、突然自家用車が目の前に泊まり、「雨が降るからどうぞ乗って下さい」と言われました。これは神仏のプレゼントと思い乗せて頂きました。十分くらいすると美しい富士山が目前に現れました。美しい景色でした。宮ノ下で下車し、十二時二十分に小田原の聖地に着きました。二、三日休養して横浜に向かいます。

合掌　　捨無我

私の旅の日記はこれで終わろうとしている。東京への旅はあと数日である。小田原を十三日午前六時に出発し、車の多い国道一号線を歩き、排気ガスに悩まされながら、夜七時、横浜市中区の藤井真水僧正のお寺に着きました。藤井先生の奥様より心からの歓待を受け、最後の旅に、次の日五月十四日、増徳院を出発しました。

昭和四十五年五月十四日午後四時、無事東京都渋谷区松濤にある大元密教本部に参拝することが出来ました。それは、それは、長い長い「大聖師のみ許への旅」でありました。道すがら様々な気持が、我が心の中に去来しました。釈迦生誕の地インドやネパール、また四国一周の旅、何のために歩くのかといつも苦悶し続けて来た私の人生でした。六年間唱え続けた「南無大師遍照金剛」の真言は私の心から去り、私の口からは「南無大師教主大玄聖人」の真言のみになってしまいました。だが一方、私の心の中では大聖師に帰依すべき心と反する気持が起こり、毎日心の中は葛藤の渦でした。だが私の足は東へ東へと歩いて来たのです。そのうち、私の心から真言の行法は過去の遺物のように忘れ去り、遠くに消えてしまったのです。

神自らの教えを拝受

釈尊は「光は東方より」のことばを遺し、弘法大師空海上人は「自受法楽の神がこの日本に出現する」ということを予言されました。そして弘法大師の予言のとおり「自受法楽の神」が昭和の御代に出現されたのです。大聖師こそ「自受法楽の神」そのものなのです。過去の教えは遠くへ流れ、私は自分の肉体なる眼を使用し、大聖師を礼拝し「神自らの教え」を受けることが出来るのだと、強く実感が湧いて来たのです。不思議にも高野山の奥の院の行法師上川光正師が、大元密教本部で私を迎えて下さったのです。

昭和四十五年六月十五日「大いなる師　教主大玄聖人」の御前にて上川光正氏とともに、一信者としてお誓いの儀式をさせて頂きました。大聖師に巡り合い、お誓いさせて頂くまでに、白衣観音像の出現が必要であり、友僧としての上川光正氏が必要であったのだと思います。また、友僧も現在、大聖師の許で「正座観法行」の修行を受けておられます。

私に有りました些細な現象は、神秘世界の中で作られている一つのパノラマに過ぎないように思えたのです。そのパノラマは、いつの時代にも、大正覚の師によってなされるのであります。現在の世の中は神仏の存在を無視し、神仏を信ずる人間を無知無能な人間として軽視する傾向があります。それ故、今世に、神仏の実在を如実に示される「大聖師」の出現が期待され、待ち望まれていたのです。

人間の肉体を持った応身仏であります。釈尊の時代にも、弘法大師空海上人の時でも、多くの人々に即身成仏を示すことにより、多くの人々はその大聖師が仏そのものであることを知ったのでありましょう。それを望むのは、過去、現在、人間の心は常に同じであろうと思います。仏であれば仏の証を示したまえと。釈尊はインド教徒に仏の三十二相を示したまい、弘法大師空海は御所の清涼殿で大日如来の姿を八宗の僧侶達にお示しになられました。「大聖師　教主大玄聖人様」は、我々全てに即身成仏の境地を与えてやろうと仰せられております。私は「大聖師」の御心により神仏の実在を教え示して頂きました。初めて、この世に秘密宝蔵の扉が開かれようとしているのです。曼荼羅の世界がこの人間界に繰り拡げられ、根本密教の世界が大元密教によって次々と開かれ、悟りの世界が作られているのです。

私は「大聖師」の御出現なされた昭和の時代に生を与えて下さった神仏に心から感謝を捧げ、御縁を作って下さった、藤井真水僧正並びに高橋成通高野山アメリカ別院開教師総監に感謝する次第です。また、私の身辺に起こりましたいろいろな奇蹟は、「大聖師」の御前での修行に比べますと、実に幼稚な子供だましの神秘現象であったと実感している今日この頃です。

大都会の一隅で大聖師なる大玄聖人は、多くの弟子達の育成に御心を向けられ、またすべての人類に御慈悲を垂れ給われております。

正座観法行の神秘体験

私の意志で無しに、身体が自然に横に軽く倒れるのです。
すると、右側から金色の光が、差して来て、
回りが明るく感じて来ました。暫くすると、
横になった身体が自然と動き出して起き上がり、
元の正座の姿に戻るのでした。

先輩の修行体験記

修行における先輩、稲本氏の正座観法行の体験を紹介します。

私の「行」も昨秋頃から、この「定」の段階に入ったのではないかと思われのですが、やっと階段に片足を掛けた程度のものでありましょう。少しずつ時に応じて、お諭しやお示しを「行」中に頂いていますが、真の禅定の境地では、このようなことさえ有るべきではなく、即身成仏、神人一体という極地には、容易に達し得られるものではないことを痛感いたすのであります。

お諭しやお示しを頂くということは、私自体が未だそのようなものを必要とする不完全なものであることの証拠であり、如何にも悟りすましているようであっても、矢張り何がしか欲や迷い、計らいというものが禍していることを知らされるのであります。折角頂いたお諭しやお示しを、ただ自分一人のものとしておかず、広く世に及ぼされんことを切望してやみません。

昭和三十七年「正座観法行」拝受

九月二十一日

大宇宙の一点凝視せよ。

これ大神の座なり。

大玄も共に在り。
万象一つに帰して、この点に蒐《あつ》まる。

九月二十二日

昨日の神示を繰り返えした後、
我、神と共に在り、
神、我を守り給う。
我を守り給う神は何神なりや、
汝、これを知りて如何となす、
大元太宗大神に絶対帰依して、
他に何をか求むる哉、
只々応化の身、大玄に仕侍して、
御教えを世に施すべし。

十月六日

聖観世音菩薩の感応が意識され、その相《すがた》となる。「天網恢恢疎にして漏らさず」と出た後、

大自然界の法則わが掌中にあり、
森羅万象凡て我が掌中にきす、
汝その一つなるをしるべし、
これ正覚なり、悟りなり。

十月七日

法は真理なり、法は真理なり、
法は神の意志なり、
真理を理解し、これを悟るとき、
神に通ずることができる。

十月十三日

有にして有に非ず、
無にして無に非ず、
これ空なり、
空は分かつべからず、又、弁ずべからず、
無限の実相なり。

十二月二十一日

行に入ると、聖観世音菩薩の感応あり、菩薩の印を現し、両手の指先に充実した強い力の加わっているのを覚える。両腕は釘付けされたように動かない。しかも、コンクリートで固められたように硬直している全身が、電気でも通されたように震撼した。そして、「汝、聖観世音、感応されたるを知るべし。されば、菩薩の身となりて、只々大玄尊師に仕え奉るべし」との御啓示を頂きました。

十二月二十三日

我、大玄聖師の御導きによりて
大元太宗大神に絶対帰依し奉る。
絶対帰依とは、一切の中の一なる我、
一切の中に融け込むことなり。
ここに、我もなく、一切もなく、只、大空あるのみ、
これ、大神の心なり、神の世界なり、
即身成仏、神人一体の境地とは之れなり、
大神の応化の身であられる教主大玄尊師を拝むことは、

そく大神を拝むことなり。

霊体が浄化した日

次に永井円空氏の修行記を紹介します。

「私は導く人も無しに、ただ伝え聞いて、師小島大玄様の門を叩いたのです。至極簡単な方法で、極めて安易な気持で、日常あるがままの姿で、命ずるまま、師の前に座ったのです。そして、正座し閉目合掌すること暫時、不思議なことが起き始めたのです。

私は、私の意志で無しに、身体が自然に横に軽く倒れるのです。すると右側から金色の光が、サーッと差して来て、周りが明るく感じて来ました。暫くすると、横になった身体が自然と動き出して起き上がり、元の正座の姿に戻るのでした。これで第一日目が終わって家に帰り、この境地を家族の者に話しましたが、誰も信ずる者が無く、返って何事かと笑われた始末でした。

そのはずです。話をする本人の私が、ただ不思議に思うだけで、その訳を知らないのだから無理はありません。私は、これが縁で師の行を受けるようになり、週三回の行、「正座観法行」を続けることになりました。手に印を結び、その印形のまま空中に大元太宗大神《だいげんたいそうおおがみ》と書いては立ち上がって、四方拝、八方拝をしたり、端座合掌したり、数分間呼吸を止めたり、或は深山に入り荒行をやる境地になったり、千変万化の行を積み、行の烈しさがよく判るようになり、一歩一歩前進して一つの段階を経て、また次の段階に上って行くのが、私自身分かって来ました。

こうして、昭和三十四年五月二十二日に、私の記念すべき日がまいりました。私自身が私の霊体が浄化した日と申しましょうか、普賢菩薩によって開眼されたのです。行中に手に印を結び、両手をもって両眼を強く押し、暫くして両手を左右に開いて、眼を開けてから重々しい厳かな声で、「帰命頂礼大元太宗大神」と唱え、更に、大声を発して、大神の神力により普賢菩薩、汝を開眼せり。ここに宣言す。と言い出したのです。

私は、仏像の開眼供養ということは聞いていたが、人間がその儘の姿で開眼を受けるということは、創造もしなかったことだし、また、その意義も知らず、それに普賢菩薩という方がどういう神か、仏であるかすら知らないだけに、大いに戸惑いましたが、この事実、この現象をどう説明してよいものやら、私はただ大神の神秘力と師の偉大なるお力に感激し、御神前に三拝、九拝して、この行を終えました。

昭和三十四年五月三十日の行において、再び声高らかに帰命頂礼大元太宗大神を唱え、さらに「大神の神力をもって普賢菩薩の加護によって衆生を救い賜うべし」と言われ、翌三十一日には、

「大神の神力により普賢菩薩の開眼を得、文殊菩薩の智恵を授かり、汝栄えるべし」と唱え、次に「天上天下唯我独尊、神を敬い、我を尊べ」との神の教えを受け、これより頭部全体を撫で廻した後、両手の拳骨を持って頭を強打し、これを幾度も幾度も繰り返し、繰り返し、汗だくだくになるまで打たれ、自分でも驚きましたが、行を終わってから頭が軽く、実に清々しい気持で、あれだけ強く打つのに少しも痛くないのも不思議でした。

六月五日、また声高らかに「帰命頂礼大元太宗大神」と唱えて、「普賢、文殊汝を援けて衆生を救うべし」と言って印を結びました。前の時は、右の親指だけに加持力を授けられたのだが、今度は両手に加持力を賜る旨のお示しを受けました。加持とは、神の力を行う人が授かって、果を求める人に施す」ことだと教わりました。私は、神の力を正しく我が力として、人に施したいと思っております。

昭和三十九年五月十七日の修行の時、

「神秘実相世界を支配する秘密主、地上に応身して降臨し、神秘宝蔵開扉の秘鍵を授く、されど秘鍵得難し、受け難し。遇い難し。諸人今世に生を受け、秘密主の御前に観法を修し、神秘宝蔵開扉の秘鍵授かる者の幸い極まり無かるべし。」

神秘実相世界を支配し給う秘密主であらせる宇宙根本神、即ち大元太宗大神様の応化身として、人間界に人として降臨なし給いし、教主尊師の御前に、正座観法の修法を行ずることによって、神秘宝蔵開扉の秘鍵をお授け下さるのでありますが、この尊い秘鍵は得難いものであり、受け得られることも稀であり、人は何百何千の輪廻転生を重ねると雖も、この尊い御教えに遇うということは、極めて難しいことであります。が、今日この処に、尊い教主尊師が出現し給うたのでありますから、教主尊師の御前に、正座観法を修行して、神秘宝蔵開扉の秘鍵を授かることによって、神格を御与えくださるのでありますから、授かった者の幸せは、この上もなく、永遠なるものであります。

昭和三十九年九月十一日の修行について。

「秘密教主、地上に顕現し、密、顕両面を示現し給う。人々神前に正座し、御教えを受け、宇宙の真理を悟得し、神の示現を体得すべし。」

「注」秘めたる神の世界を支配され給う秘密世界の教え主、教えの王であらせられる根本大神様の応身として、教主尊師この地上に顕現し給いて、神自らの教え、即ち正座観法によって人々を教え導くと共に、顕教、即ち現れた教えである集会説法や『元密』、『正観』によって多くの人を啓蒙し、顕、密両面より宇宙の真理、超自然界の実相を示し、教え導かれるのであります。

宇宙の真理を知るには、神自らの教えを受けることによって初めて成し得ることであり、正座観法の有難さであります。人は神の御光を受けて、真我の我である己れの霊体が浄まり、安心立命の境地を得て、真の幸せ、永遠の幸せを授かることが出来るのであります。

昭和三十九年九月十二日の修行について。

「秘密世界は荘厳、華麗、厳粛にして秘密主の支配し給う世界なり、諸人生滅し、体亡びて、還元する自然界、神の世、人の世、万物発祥の根元なり。」

「注」大宇宙の超自然界、即ち実在する神の秘めたる世界は、荘厳、厳粛にして、華やかな美しい世界で、秘密世界の主であらせ給う根本神にましますます大元太宗大神様の支配なし給う世界であります。この世界は人間の死後赴く処の世界でありますから、神の世であると共に人の世でありますから、神の世であると共に人の世でもあり、また万物発祥の根元であります。

人間は、人間界において肉体なる衣を通じて、生きている姿を示し、肉体なる衣を脱ぎ捨て死なる結果を残すのであります。人間が肉体なる衣を身に付けて活動している時間と、衣なる肉体を脱ぎ捨てた空間の動きは現実として区分されるが、実相としては区分されないのであります。

故に真の人間の本体には、生もなければ死もまた無く、ただ一本の線あるのみで、肉体なる衣を身に付け、衣を脱ぎ捨てるというだけが、生であり、死であると同時に一本の線に印された一代の段階であり、仮の相でなくして何でありましょう。この仮の相より、真の相へ前進してゆくのが人間の姿であります。また実相であります。

この仮相と実相の世界を往来して、仮は仮なりに、真は真なりに、すべての動きを体験して、正邪黒白を振り分けして正を取り、邪を捨て人生行を全うすることによって、人格が完成されるのであります。

師の指導による正座観法による秘密の教え、密教なる密教であると師は宣《の》べられている。昭和四十三年の四月二十八日まで、神の詞や秘密の世界の体験を数多く体験、体得し、密教とは直接神仏よりの伝授でありと実感され、これこそが密教だと自覚されたようである。

仏道蘇生運動の始まり

仏典を研究したところで仏道を究めることにはならない。
仏道蘇生運動によって僧侶が教化者として、
済度者として目覚め、仏陀の道を己が道として
行くようになれば、人類にプラスする面も大きい。

師より賜わった御ことば

昭和四十三年から大玄師のもとで、愚僧は客僧の修行者のまま、昭和、平成、令和三年の約五十数年の間、修行者として教師待遇の地位を頂き感謝の極みです。自分なりに師の別体三宝、同体三宝について理解しようと思います。師のお詞を私なりに纏めることといたしました。

真言宗の僧侶として、師を求め続けて来た愚僧としての纏めであり、不十分な点が多々あることは、どうかお許しの程よろしくお願いいたします。この五十年の間、真言宗の僧侶として定額位となり、大僧正まで登り詰めさせて頂いたのも、偏に大聖師の御慈悲だと心より感謝する次第です。

仏道蘇生運動について、師より賜りたる御ことばです。

「仏道」を知ることです。と言って、仏典を研究したところで仏道を究めることにはならない。本仏を知ることによって、初めて出来るとしております。そこで、仏道蘇生運動によって僧侶が教化者として、済度者として目覚め、仏陀の道を己が道として行くようになれば、人間性復活運動と相俟って人類にプラスする面も大きい。これなくして、人間界はよくならない。従って、両運動に大きな期待をかけております。

真言宗と日蓮宗は、必ず私の教えによって大日経なり法華経なりの、経の経たる真髄を悟ることが出来るだろうと思っている。菩薩道とは、これから前進して行く道、仏となるべく修行しながら、仏を目標に前進する道であり、仏道となると決定的な道、即ち菩薩の過程を終え、本仏の世界、本仏の境地を具えたことを言うのです。

神秘世界とか光明世界というのも、来てすぐ得られるものではない。ただ、杉原君の場合は、彼を誉める訳でも貶す訳でもないが、真言密教の密教科を出たという一つの基本的なもの、大元密教と真言密教は、真言と大元が違うだけであって、根本的には共通性がある。ここでは、真言密教的な教義体系は整えて説いていない。また、印を結ばせたり所作もさせない。が、させない中から真言宗でやっているような形が自然に出て来る。真言も知らなければ、他の仏教的なことも全然知らない人たちが、最もらしいことをやる。しかし、無知であるが故に教義体系をつけるとか、結び付ける力がないだけで、実地にいろいろな体験をしている。

そこで、専門家がそういう経験をしてくれることによって、真言密教と共通性のある面も裏付けしてもらえるだろうし、或は法華経に出て来る神秘的な面もあると認識してもらえると期待している。そうすると真言だ、法華だ、やれ浄土だ、禅だと言うよりも、仏法の根本というもの、本仏の世界はあるものだと認識を新たにすると思うし、根本を究めるためには修行が必要だ。

その仏道蘇生同志会ということについてだが、今日ここで話すべきでなく、折あらば髪を剃った方々の集まりの時、話そうと思っている。同志会とは志を同じくする者の集まりだから、同志会でいいのだ。問題は蘇生ということ、仏道というとひっかかると思うが、蘇生となると仏道が死んだのですか、と言うと思う。

仏道とは、いつだったか、杉原君質問したと思うが、ここではっきり言うと、仏道とは、今後、仏道蘇生運動を展開して行く上において必要なことは、死んだお釈迦様を今更引っ張り出して、仏道とはどういうことですかと質問したところで答えてくれないだろう。また、二千五百年前にインドの隅っこで、お釈迦様がどういう風であったかを想像しても、先程の三十六天体の話のようなことになるだろうから、はっきり言えば、儂をよく見ることだ、儂の言行動作をよく見て、儂に付いて来ること、これが仏道だ。これによって、初めて今の仏教思想が蘇るのだ。そして多くの人を救うことが出来るだろう。多くの人を救済し、済度することが出来るだろう。

これが今の僧侶に与えられた一つの任務です。今のお坊さんたちが解説したり、唱えたりする経典を私は知らない。また、そんなもの読んだこともない。従って、それが正しいかどうかも分からない。一番大元密教が栄える方法からしたら、或は真言密教の改訂版を打ち出したら早かったかも知れぬが、何も弘法大師がやったことだし、竜樹菩薩がやったことを、儂が今更それを真似る必要もない。だから弘法大師がやった密教も、恵果阿闍梨のやった密教も、或は天台でやっている百貨店の隅っこの一つも全部ひっくるめて、大元密教から出たものだ。ところが聞きようによっては逆だと言うだろう。

上から来て下に来たもの、大元密教は後から出たのではないか。そうすると流れとはおかしいと言うかも知れないが、根本は大元密教から皆出ている。それが分かって来るのだ。それは、杉原君が行中に体験したことなど、お釈迦様の前でも、弘法さんの前でも、恵果阿闍梨の前でも、目をつぶって手を合わしただけで、そのような現象にあったこともなけりゃ、現象の出たこともない。また、神秘的な面を知り得た経験もない。どこまでも型を習って来ただけであって、実相を身に付けて帰ったわけではない。

しかし、空海は学者であるから、文筆の才もあるし、字も上手だったから、あれだけのものを書き残した。しかし、実相面を示す面はしてなかった。これを儂がするようになった。だから、空海と釈迦とは常時集まって、仏道蘇生運動をどのようにしようかと会議を開いている。諸君たちと同じように三人三様に語り合いながらやっているわけだ。だから、諸君も熱を入れてやって行くことが僧侶としての使命と言えよう。

僧侶がやるべき運動

仏道蘇生運動は、僧侶たちのやるべきことで、在家衆のやるべきことではない。この点、明確にする必要があると思うのです。言うなれば、今の僧侶が堕落しているから立て直らさなければならない。さもなければ、在家から見放されるぞ。

そこで「仏陀の道」を再現して行くことだ。それには、今一度、仏陀を再認識し、僧侶としての本分を見詰め、それに立ち還ることだ。僧侶各自が自覚して運動を起こすことであって、在家衆が表だって動くべきものでない。従って、この運動は僧侶である貴君等が、同志を一人造り二人造りしながら地道にやって行くべきことで、線香花火式に華やかな動きを夢見てはなりません。必ず理解ある協力者が出て来ます。僧侶が仮に出来損ないの奴であっても、在家衆に教化されるような行動を取らしていけません。と言って、職業的分野のみを守り、守らせというのではありません。充実した内容ある分野を守って行くようにと言うのです。

仏道蘇生同志会員は、同志をいかに指導し、いかにして立派な同志に造り変えるか、これに専念すればよいのです。勿論、これには金が要る。この運動に打ち込むだけでは飯は食えない。しかし、自ずから道は開かれます。渋る人がいれば、協力者も出て来るものです。そして、必ず反対する者は協力する者に負ける時が参りましょう。ただ問題は、反対者はいろんなことを言うものです。それに耐えて行かなくてはなりません。そうでないと、運動から脱却することになるばかりか、僧侶としても立って行かれなくなりましょう。従って、信念ある行動が必要ということになります。

お釈迦様の言った「唯我独尊」ということは、お釈迦様だけが尊いのではなくて、皆が銘々尊いのだと。この民主的な自主性を尊重してやったところに、偉大な思想である訳なのです。ですから、神の世界が分かるにしても、誰のために必要であるか。これは真理を解明する意味において必要であることは勿論のこと、それを誰のために解明するか。大勢のために解明しなければならないことなのです。

悟りとは何か。結論を出し得る力を身に具えることです。あなた方と神との繋がりというものがなければならないはずなのです。これを縁と言うのです。中には良い縁もあるし、悪い縁もあるでしょう。秘密宝蔵の扉というものは、ただそこらにあるような引き戸だとか、押し戸のようなものではないのです。宝の入っている蔵の扉というのは、あれ以上厳重なものなのです。そう簡単に容易く開けられるものではないのです。これを秘密宝蔵の扉と言うのです。

自覚が足りないからそこまで行っていないと、こういうように思う面もあるでしょう。病気の場合でも同じことです。歳を取って行くことについても同じことです。死ぬということについても同じことです。これを大自然の中に生きる自分として、自然のまま行動して行けば一番いいのだと、こういう気持を懐くことではなく、身に付けることである。その身に付けることは、この正座観法なる行を繰り返して行くうちに、何時の間にか、そのような境地に溶け込んで行ってしまう。

だから、自分が大自然の一員であるとすれば、大自然の中において生活している自分だ、自然と我と共に在る、神と我と共に在るという境地が即これです。そうしてみれば、生、老、病、死というのが大自然の現象であるとすれば、大自然の現象の中に溶け込んで行くことによって、苦というのは無くなると。無くなるというよりも、自分の境地の中に苦を植え込まない人間になって行く訳ですから、苦しみに耐えて行けるということになる訳です。

ですから、この苦の問題というものを解決し、己に苦があるとすれば、苦から逃れるということは、一つの境地転換を図ること。この境地転換は、どういう風にすれば出来るかというと、正座観法を行うことによって初めて出来る。その正座観法をやって行くうちに自分なるもの、自分の意識というのはハッキリしているが、別なるものによって自分は動かされている。

先程、僧侶のことに触れていたが、僧侶だから全員正しいとばかりは言えないだろうし、また僧侶の中にも立派な僧侶がいるということを一般の方は知らない。そこで、私は仏道蘇生運動というのを行わしていると同時に、仏道蘇生同志会員には特別に気を遣っているのです。

昭和四十九年四月五日、教主尊師より正座観法行を仏道蘇生同志会員に授けられた。これが教主様より拝受出来た最後の正座観法行であった。

仏道蘇生は過去の仏教の蘇生ではなく、儂の動きを実践することが仏道蘇生であるとお言葉を頂きました。この運動に対して、「三十年若ければ儂が先頭に立ってやって行きたい」という大変有り難いお言葉も頂きました。真言宗の僧侶として、そして客僧のまま大元密教の修行をさせて頂きましたこと、心より厚く御礼申し上げます。

仏法の本来に立ち返る

昭和四十五年五月十四日に東京本部に参拝して、これからどのようにして、東京で大元密教の修行をして行けばよいか大変悩んだ。私が東京本部に来た時、高野山の奥の院の同僚の上川光正師が私を迎えて下さるとは、夢にも思わず驚いた。

昭和四十五年六月十五日に大元密教でのお誓いを、教主尊師の御前で上川氏と同じ日にしたのである。

お誓いの言葉は、

私は主を信じ、神を敬い、他の教えに迷いさまよう事なく、この御教えに生涯を捧げ、世の為、人の為、献身犠牲の精神を持って奉仕し、人間完成に精進する事を誓います。

帰命頂礼大元太宗大神

昭和四十五年六月十五日

右　杉原孝俊

お誓いが終わり、教主様は本庄先生の先導で自室に入られ、そしてその後、直会に入り、この時、誓、戒、訓を必ず守るように述べられた。

物　質　戒

教主指定の持斎日（毎月二十三日）には飲食を断ち，心身を浄め、神の御恵みに感謝し、断食によりて生ぜる財を貧しき者に施すこと。

たばこは心身をけがし、卑しきものとして、神の忌み給うものなれば、絶対に用いざること。

酒は過ちのもとなれば、つとめてこれを節し、道門に入る時は絶対に酒気を帯びざること。

精神戒

疑うなかれ、偽るなかれ、計らうなかれ。

信者訓

信者は、神を信じ敬うこと絶対なること。
信者は、師を理解し、師を尊敬し、師の御言葉に従うこと。
信者は、同信同行なれば、和して同ぜざること。
信者は、常に感謝の生活を続け、愚痴、不平を言わぬこと。
信者は、飲食を正し、教えの戒めを守ること。
信者は、礼儀を重んじ、服装を整え、言行を慎むこと。
信者は、和睦し、親しみをもって互いに許し合い、助け合うこと。
信者は、誠実を旨として、直情径行たること。
信者は、中庸を道とし、左右何れにも偏せざること。

信者は、犠牲と献身的精神に基づく社会の奉仕者たること。
信者は、日常生活を修行と心得、人格向上に精進すること。
信者は、信仰に徹し、修行に励み、他人を導く人となること。

私は一応、青年会幹事の部屋で暫く生活させて頂くようになった。東京本部での修行、何故仏道蘇生の運動を展開しなければならないか、少しずつ書くことにする。これだけの素晴らしい教えを自分だけのものにするには余りにも残念であると感じ藤井真水僧正先生と考え、どのような形でこれを知って貰おうかと話し合いをした。先ず阿字観道場等や、尊仏主義運動を呼びかければ、他人から批判されることは無いだろうと考えたのである。

昭和四十五年九月十六日、九月十七日、十八日、この当時は小田原のお山の聖地の仕事の手伝いを、労働奉仕をしていたようである。毎週木、金曜日は東京の本部に行き、正座観法行を受け、すぐまた小田原の聖地の建設の御奉仕をしていた様である。その当時の私の体は、東京参拝の後遺症であまり仕事は出来なかったであろう。しかし、若いということは実に素晴らしいものである。

片腕はぶらぶらのまま、誰にも分らずお山の土方仕事の御奉仕をこなし、また僧侶を集めて一つの会を作ろうとしていたのである。

藤井僧正を中心に、上川、戸田、杉原以上四名であるが、正座観法行を受けた上での活動を主願として、正座観法行を受けずに活動することは無意味だということで、修法会を設けて頂いて、それによって多くの心有る僧侶を集めようという気持であった。私は木、金の正座観法行の指導を受けた後、小田原の聖地に帰り、コンクリートを練ったり、コンクリートを削ったり、など土方作業に精を出していた。

昭和四十五年頃から正座観法行は小夜先生が中心で行を付けておられるようである。そして、必要に応じて教主様が行を付けられている感じである。昭和四十五年十月十五日に教主様から、これから以後大元密教の門戸を広く開けるであろう。そして、これからまた法座につき、後は小夜教師が代座をするであろうと宣べられた。

藤井真水僧正、上川、戸田、杉原「仏法本来の姿に立ち返る」の準備委員会を開くための準備会合をする。

藤井僧正も「機が熟したので、この機会を失いたくない。こうゆう機会は二度とないであろう」と言われ、やる気十分である。

昭和四十五年十月十六日に、午後六時三十分より本部道場にて教師会が開催された。教主様は、今回はすぐ着座され、これからの行事について話される。私がふと教師の席を見ると藤井真水僧正が大教師待遇にされ、稲本教師、古屋教師、藤井真水僧正の席順になっておられた。私は教主様の御配慮に心より感謝申し上げるとともに、我々の責任重大であることを痛感したのである。

その日の夕方、午後九時三十分から十時三十分まで教主様の御室にて藤井真水僧正、上川、戸田、杉原の四名に「仏法本来の姿に立ち返る運動」に智恵を授けて下さった。「綱紀、規約等を作る。そして私に対してはお山の奉仕は心配をしないで、これからこの活動に全力を使うようにすること、高野山には年一度位行く事、その為、手紙を出して置く事」であった。

仏道蘇生同志会と改名

昭和四十五年十月二十三日に、小夜先生より正座観法行を受ける。教主様に僧侶たちの集会の報告書を提出する時、尊仏運動を「仏道蘇生同志会」と改名されておられた。

昭和四十五年十月二十五日、稲本先生より正座観法行を受ける。行後、教主様から残っておるようにと言われ、午後三時半から午後五時頃までお部屋で、これからの「仏道蘇生同志会」について、戸田妙昭尼と私の二名でお聞きしていた。これから「会」の集まりは寺を使わないように、何も寺のことを考えずに話が出来るように、この運動は他人に頼る事なく、自力でこの運動をして行くように言われ、この運動には資金がいるので、藤井真水僧正の名で奇蹟集として出版し、その利益を「仏道蘇生同志会」の資金にするように、世間に出すには世間的にしなければならない。自分が今まで修行をして来たが、だがそれがここで得ることが出来たということを書けばよい。

釈尊の当時、釈尊と同じくらい偉い聖者がいた。しかし彼らは残らなかった。しかし釈尊は残った。釈尊は自分の使命を知っていた。そして民衆の中に説いて行った。そして民衆とともに歩いた。儂は高僧ぶる必要はない。ただ裸のままの己をぶつけて行くのだ。儂は、この教えを説くのに、一年十ヵ月の間、構想を練った。儂は、この運動に対して、全ての物に対して微に入り細に亘って注意する。それはこれに集まって来る人々にも、そして、これを作った人に対しても、作ったものは無くしたくない。もし無くなることになれば、迷わす事になるから。断食の件だが、釈尊もこれを戒めた。儂もこれを許さん。もししたとしても神の加護は無いであろう。まあ食事を減らすというのは別だが、断食をして得られるくらいのものはやる。この運動には「体力や気力」がいる。

「仏道蘇生同志会」「悟りの世界を再現しようではないか」これはいい名前だなと言われた。これは政治的な動きにもなるし、啓蒙的な動きにもなる。私の使命は、このまたとない機会に、多くの御弟子になる人々を教主様の御前に導くことであろう。

昭和四十五年十月二十九日、東急ビル六階プラザで、教主様は稲本先生、藤井真水僧正、杉原と、私はこの中で一番若く二十歳中頃で、教主様、稲本先生、藤井先生達は六十五歳以上の方々ばかりで、私は二十七歳の若造である。お食事に同伴させて頂き、私のこれからの使命の重大さを考えるのみであった。教主様からお諭しを頂いた。人を食うようにならなければならない。おじおじしていては済度者としての働きが出来ぬ。そして落ち着きのある人間にならなければならない。じっとして動かないというのが落ち着きではない。必要な時、素早く動き、機敏に物事に対する判断をして行く。これが落ち着きである。これから本格的に教えが説かれるであろう。

大日経の真髄と法華経の真髄は同じである。大日如来と釈尊の境地は同じであると説かれた。小田原の御聖地の参道開通式は昭和四十六年一月二十五日にし、その時、峯僧正を呼ぶことにすると話された。そして杖をその記念として与えることにする（杖を与えるということは、これは京都市東寺において御修法が年一回修法されます。これは、時の天皇の玉体安穏のために祈る僧の一番上位の僧侶を長者と申します。その長者の証として赤い杖を渡されるのである。多分これを意味しているのであろう。私も七十七歳になり、大僧正となり天皇の健康と安全を祈願する「定額位」という位を全真言宗連合会から頂き、初めて理解出来た)。

教主様はまた藤井真水僧正に奇蹟集の著者となり、大元密教というこのような不思議な宗団があるんだというように書いて行くように、藤井先生が歩んで来た道等を書き、その中に信者並びに杉原、戸田の文章も加え、全ての教えはこの中に入るのだと書くようにと言われた。

その時、「この奇蹟集は教師会によって決まって作るようになったのだな」と、教主様は稲本先生にお聞きになる。その時、稲本先生少し躊躇される。そして「教師会で決めたものです」とお答えになった。

例え、教主様の御心の中より出たことでも、即座に、「はい、教師会で決まりましたと、お答えすべきである。我々はその立場に居る人間であるから。すべて、我々が、この教団の責任を負うべき立場に居るのである。というのは、我々の願いで、大きな救いを教主様より頂かせてもらう立場であり、我々はすべて菩薩道、仏道を歩む立場に居ること、高野山には年に一度位は行く事、その為、手紙を出しておく事であった。」また師は「最澄、道元の境地などは大した事ではない。やはり空海の境地は最高である。杉原はもう、一つの所に落ち着いてもいい。落ち着かなければならん。あちらこちらに彷徨のはよくない。インドの遊行僧は、彷徨い何も得ることが出来なかった。」と私にお諭し下さった。

昭和四十五年十一月二日、大元密教の村井敏二教務長が一日の午後六時亡くなられたと聞く。村井先生はアメリカの高橋成通総監との関係で、私が大元密教に通ずる糸口を作って下さった方である。教主様との御縁は村井先生↓高橋総監↓藤井僧正↓杉原孝俊への縁流である。それ故なのか、十一月四日の村井先生の告別式の時、教主様より村井常仁大徳の位牌をお持ちする役目を頂き、参列者の前でお披露目をすることになりました。

昭和四十六年一月五日、教主様のお部屋に十二時十分頃、上川、戸田、杉原の三人で入室させて頂きました。約一時間二十分、まず初めに、四ヵ国参加して平和祈念祭の祈念して居ることに対して、大衆を動かすだけの力も無く無意味だろうということを言われた。そして杉原が一所懸命やっている外国僧の件だが、徒労に終わるであろう。それよりも今年から初めに帰ったつもりで、仏道蘇生同志会を充実することに専念するようにと言われ、釈迦の思想は共産主義によく似ているとも仰った。

大衆のための本

今までの僧侶は保守的であった。それではだめである。新しいものは造れぬ。トルストイの思想は仏教の思想である。スミスの資本論、マルクスの資本論との相違を考えるといい。

この資本は変化するものではない。つまり百円がある。百円をどのように使うかである。どのような気持でいるか、それによって違うのである。原稿（仏陀の再現）は、大衆のために出す本である。信者に出すのであれば赤字になるであろう。それを念頭において、藤井先生とよく協議の上、これを纏めて行くように、藤井先生が定期的に事務所に来るようにして行く事。一度でも多く顔を見せるようにして行く。つまり、木、金を考えればよい。会合の時、藤井先生の意見が間違っていても、あくまで、それに賛成して行く事。その後、話し合えばよい。

弘法大師は華厳経を最も重要視された。そのことは釈尊の修行から成道に至る修行過程のことが書いてあるからである。現代の僧侶は、仏道がいかなるものかという根本を掴んでいないので、この運動は大変困難である。杉原は『正観』（大聖師の御許への旅）に載せているものにもう少し肉付けをすればよい（あれから五十年目にしてようやく筆を執る勇気が起こり、今、書いている）。そして、自分も本を出したらよいではないか。まず、『仏陀の再現』を三千部刷るようにすればよい。

即身成仏があって、初めて神人一体が成り立つのである。そしてわが尊師は「今日をもって仏道蘇生運動の出発の日としよう。今までのことはすべて忘れようではないか。そして今日から新しくやろうではないか。馬場先生夫婦も今日から再出発しますと決心したのだ。君達も馬場先生と同じように、初めからやり直す気持で再出発しようではないか。そして、今日をもって仏道蘇生運動の出発の日としよう。いいな」。杉原、上川、戸田以上三名一同、「はい」と力強くお答えする。

昭和四十六年一月二十四日、教主尊師より、小田原の聖地の御神域の付属屋に入るように言われ、御部屋に入座させて頂いた。仏道蘇生同志会の結成について、仏道蘇生の運動の基礎造りは、第一は目的が何であるかを相互に考え合うこと。第二は、そうすることによって方法が理解出来る。

儂は個人を誹謗しない。他の宗教を非難しない。大きな人間にならなければならない。儂を念ずれば全ての壁は破られるであろう。ヨハネの例を引かれ、ヨハネは壁にぶつかり、絶壁に行き詰ってどうすることも出来なかった。その時、儂の力によって絶壁に真すぐな道が出来て、ヨハネは救われた。ヨハネすら儂は救ったのである。弟子である者が壁にぶっかった時、何で救わないことがあろうか、安心するがよい。北山にも言っている。迷ったら儂を念ずるようにと。弟子を造る事は、大変困難なことであるか分かるであろう。儂は弟子を造る事に人間的に歯がゆくもなったり、苦心をしたりすることが有る。それ故弟子がずんずん成長すれば、どんなに楽しいか分かるであろう。

真言宗の密教の修法であるが、君が求聞持法をしても何も得られなかった（孝俊、何も不思議な霊験的な神秘現象は起こらなかったが、私は過去から修行したくてたまらなかった事を、今回終わったという安堵感が起こって来た。そして物事を正しく判断できる力が、智慧が授かったような気がした）。

弘法大師が求聞持法をされたとしても、求聞持法をする前に、その人にあった修法をしなければならぬ。一、二、三、四、五、六、七、八、九、十とあるが、ある人間は七からしたり、ある人間は三からしたりして、全てをして行くものである。三段位上がる人間もいるが、それを知らなければならない。印にしてもそうである。いろいろ変化してバラバラであるが、一つのものに纏まって来るものである。

法華経は密教の前提経だと言えば、低く見るが、そうではない。密教と言えば大元密教に入る前のものだとか、真言密教の前だと考える処に大きな間違いがあるのだ。神秘世界、真理世界の一端であるというのである。密教の前提経と言えば、最高の誉め言葉である。素晴らしいことだ。それが理解できぬ。修行（個人）はあくまで小乗的である。実践は大乗的であれと言っているのは、先ず舟を漕ぐにも一人で漕げなければ、大きな舟も漕ぐことが出来ないのと同じである。

仏道蘇生同志会の発会式

昭和四十六年一月二十五日、午前九時三十分頃、東京本部の教主様の御部屋にお呼び下さり、仏道蘇生運動について、種々お聞かせ頂いた。三月二十四日頃、発会式をしたらいいではないか。儂は準備期間は長く待つが、出発したならば、気が短いのですぐやらなければならない。「大日経と法華経の相違点について、大日経は竜樹菩薩が感応によって神秘世界を写真のように書いたのがそれで、法華経は秘密世界と人間世界の繋がりを釈尊が説かれたものである。境地の相違では竜樹より釈尊の方が数段上は分かるであろう。」

仏道とは教主様の歩まれる道を歩くことが仏道である。仏道云々はどうなのかと議論するような会ならば解散してしまえ。本仏は教主様だと断言出来るでありましょう。儂は釈迦、弘法と常に話し合っておる。三人一体の境地である。儂は『三教示帰』を読んだことが有る。儒教、道教、仏教について書いてあり、真の親孝行は仏教を行ずることだと言われている。

教主様は一歩一歩、弟子達が済度者として立派になるように、あらゆる手段を用いて育てられている。私もその一人なのであろう。

昭和四十六年二月七日　日曜日はお山の奉仕で、朝早く東京から小田原に来ている。教主様、お山に十一時二十分頃に登られ、三時三十分頃下山された。お山の前の石段の所でお迎えさせて頂く。その時、教主様は私に言われる。「三月十六日の発会式まで降りてくるな。まあ、あせるな。先は長いな」と言われた。

高野山に一度登りたいと言いますと、「何のために」と言われ、「はい、三月二十四日に何人か友人を連れて来たいと思っております」と言うと、「それはいいだろう」と言われた。

教主様「発会式はいつか。一応三月十六日だなぁ」

孝俊「はい、そうです」

（注）先回、教主様より発会式は三月二十四日と言われたが、今回は「三月十六日だな」と言われたので、私は「はい、そうです」とお答えした。私の肉体は、一昨年山口県より歩いて東京まで来たので、その第一日目の夜、雨が降り、外でテントで寝たので、朝起きたら左腕がぶらぶらで使用不可能になり、意識して右手で左手を支えるという状態が続いており、四十六年の一月に大風邪をひき、体を動かすことが出来ず、二、三日寝たままであった。それが少し良くなり、二月七日も身体を動かせば、まだ背中から熱が出て来るような状態であった。

昭和四十六年二月十三日、教主様、午後一時二十分頃お山に登って来られた。私は教主様を石段の石畳みの前でお迎えして居た。教主様は私にお詞をかけてくださり、「身体の具合はどうか」と聞かれた。「はい、大分良くなりました」と私が言いますと、「それは良かったな」と言われ、「僧侶は汚れているからな。さっき車の中で話したところだ」と言われた。そして、「佐藤尚信を見ろ、綺麗だろう」と言われ、「お山にしばらくいて綺麗になれ」と言われた。

（注）孝俊自問、私自身は罪穢れている事は、自分で知っているつもりである。此の汚れをどのようにすれば清まるかとつくづく考えたのである。教主様に対して悪い気持が起こったりした。これは過去世の因縁なのであろう。悲しいものである。悲しいものである。ある時は教主様の子ではないかと喜び、うぬぼれる。しかし、ある時は悲しみの渦の中に陥れられる。過去から現在持っていた女の強い業の現れなのだ。正しい人に対して反抗の証なのであろうか。悲しい事だ。悲しい事だ。

私が僧侶になった事は、過去の業の現れなのであろうか？　一般の人々のする生活をどれだけ自己に欲していたか。だが、私の心はそれを受け付けなかった。父も捨て、母も捨てて来た道が教主様の側である。

多くの僧侶の中には、立派な方もおられるであろう。私は師の口から僧侶という言葉は聞きたくない。僧侶である彼等も人間なのである。仏を求めて歩んだ人もいるだろう。私よりも努力をして、私よりも精進している。私は耐え難い。

私を僧侶の代表としての言葉は、僧侶が罪深いのではなく、私が罪深ければ孝俊と呼ばれ、汝、清浄なれと言って頂きたい。人間と僧侶はどこに違いがあるのでしょうか。永遠なる師よ、未熟ながらも過去仏の教えを求めて、彼等僧侶は彼等なりに努力していたのではないだろうか。力尽き、根尽きた彼らが普通の生活をする。私は悲しい。悲しい。誰が、この行為を褒めてくれるのだろうか。永遠の師は、この力尽きた旅人の姿を断崖の中に投げ落とされるのか。師のみ彼等僧侶の努力を誉め、疲れた足を癒して下さる御方ではないでしょうか。

昭和四十六年二月十三日、教主様、お山の付属屋の部屋に入室を許され、私に白衣（教師扱い）を着する事が出来るとのお話を頂いた。

教主様より、大きなおはぎを二つも頂きました。

法華信者は法華経に捉われて自分を捨てることが出来ないから、なかなか神秘世界に入ることが出来ない。一番大切なのは仏道の真髄を会得された立派な師に巡り合う事が一番大切なのです、とお言葉を頂いた。

昭和四十六年二月十五日、東京本部道場において、二月例祭の日、教主様から白衣を、仏道蘇生同志会の四名、藤井真水僧正、上川光正氏、戸田妙昭尼、杉原孝俊が頂いた。その日は、丁度釈迦如来の浄土の日であった。

昭和四十六年二月二十一日、教主様はお山に午前十一時十五分頃お着きに成り、そして三時四十分頃下山された。教主様より「まあ、ゆっくりするように」と言われ、その後、お山にお仕えの女性、南さんから「杉原に言うように」と言われたそうだ。「足が治る方法を教えよう。女が欲しくないようになったら治る」と言われたそうである。

その時、とうとう来たかと思った。

昭和四十六年三月七日、教主様、お山の付属屋に三名、上川、戸田、杉原をお呼び下さり、いろいろお話をして下さった。

「仏道蘇生運動はこれから一切儂が命令する。五百羅漢ということがある。彼らは儂と如何に縁が有るかということを知らなければならない。もし儂と離れるならば、千五百年経たなければ遇うことは出来ないのである。仏道蘇生運動はもう時期が来たのである。儂の言う事をそのまま無になって聞け。無気力になってはならない。そこが一番難しいのである。構想は大きく持つことが必要だ。

藤井真水僧正の寺は、今のところ活動するのは困難だ。儂は千万寄付しますと言うても、ただそれだけでは意味は無い。気持がどれだけ素晴らしいか分かるであろう。藤井真水僧正自身の気持の中で、自分でやるという気持が必要だ。そのように持って行かなければ意味は無い。六十にもなれば分別が働くので、そのようにして行く必要がある。「藤井真水僧正が千万寄付しても意味は無い。其れよりも藤井真水僧正自身が仏道蘇生運動に生涯捧げて行くという事を、教主様の御前で誓われるほうがどれだけ意味が有ることか」と言われた。また、「教えをどれだけ低くして説いたか分かるであろう。私も『仏道蘇生運動』に生涯を捧げて行ける人間にならなければならない。釈尊の教えがあるからには、それを考えなければならない。『無』になってやらなければならない。この運動は、誰かがやらなければならないのだ。それが、藤井か、妙昭であるか、上川であるか、埜村であるか、それは判らん。しかし、もうこの運動は時期が来ているのである」と言われた。

(注) 孝俊のその時の気持。この一つの運動は生き物である。ひとりでに大きく成長するであろう。我々は大人のような気持で、この運動が大きくなるために努力しなければならない。これは一個人を成長をさせるためのみの運動でもない。人類の大きな進歩と救いのための運動である。

昭和四十六年三月十四日、小田原のお山(聖地)の宿舎で朝、夢を見て目が覚めた。それは、教主様が「よし」と言われたような内容の夢である。詳しい事は忘れてしまった。

教主様、小田原のお山に午前十一時十五分頃に登られた。何時もの石段の石畳の所で教主様をお迎えさせて頂いている時、私にお言葉を下さった。「蘇生するか」と言われた。私は即座に、「はい、蘇生させていただきます」とお答えした。そうしますと、教主様は、「お山に病人ばかり出たら大元密教は潰れてしまうからな！」と言われた。私は、お山を二時に下山させていただき、東京の三角宅に帰った。

尊師の御下問

昭和四十六年三月十六日、仏道蘇生運動について、会員は僧侶であるという事を前提にしたらいいではないか。杉原は心、心と言うが、思いましたでよい。『万朶集《まんだしゅう》』に、意、識、心が書いてあると仰った。

昔、私に高野山で何か変わった事はなかったかと御下問されたことがあったが、私は別な事をお答えしたことがあった。その後、すぐ白衣観音像出現の事だと感じた。

その回答について、教主様は高野山奥の院の事を青年会の前で立証して下さった。

「お前は白衣観音によって導かれて来たのである。赤倉山の所に行けば利用されて捨てられていたであろう。これから埜村さんのような協力者が出て来るであろう。今、五人いれば拳骨になるではないか」と言われた（五人とは、上川、加賀山、埜村、戸田、杉原の事）。

昭和四十六年三月二十四日、本部道場において午前十時より二十一日間の正座観法行を拝受させて頂けることになった。参加者は、藤井真水僧正、上川、戸田、加賀山、埜村、早崎信、中原、玉田、杉原であった。後で文堂、垣上、中谷が加わり十二名となった。

昭和四十六年四月十四日、教主様より「発会式をこれからするように」と突然決定された。午後六時十分より大光報社事務所に教主様御臨席され、仏道蘇生同志会の発会式を行うことが出来た。教主様は、これから藤井真水僧正を中心にして行くようにと言われた。

昭和四十六年七月五日、藤井僧正本部参拝、途中、教主様にお会いになられた。その時、教主様から「仏道はどうなっているのだ、何をしているのだ。今度、全員を集めて方向性を示めしてやる」と言われたそうである。

昭和四十六年九月三日、教主様、午後三時頃、大光報社三階の仏道事務所にお入りになられ（上川、加賀山、古屋先生、沢口、杉原）、「これは儂の意見だが、お前（杉原）の所の家を寺にしたらどうだ。そして、その寺を大阪なり東京の寺と代えたらいいではないか。東京に来たいであろうが、それは無理だし、母がついては一緒に生活したいと言うのは、まあ自分の親族をまず安心させなければ出家としては満足じゃあないわな。真言宗の寺にしたらいいではないか。これはあくまで儂の意見で、命令ではない。お前にはそれが一番幸せかもしれないなあ。

それから、二十、三十分後、井原さんから「加賀山さんと杉原さんの二人をお呼びです」との話があり、二階のホールに入室させて頂いた。「『仏道蘇生』を九月には発行するつもりだな。まあ来年がいいだろうな。仏道蘇生運動のことについて、八月十五日大祭の時、話すつもりであったが、皆が驚くので言わなかっただけだが、儂は前から予言しているのだが、先ず英国が潰れ、その次に米国、日本と来るのだが、それが分かればそれに対して如何にして対処しなければならないか分かるであろう。

藤井先生などは印を組むのだが、それを分析することが出来ないのだ。観念的なものはすべて、一応置かなければならない。人間性復活運動と仏道蘇生運動は人類社会を浄化することなのです。仏道蘇生運動は今までなかった事をすることである。今まで誰もしなかったことをすることである」と仰られた。

昭和四十六年九月十九日、お山の御聖地で御奉仕させて頂いた。お山の御神域の食堂で、小夜先生の許で菅野、堀井、三角、作田、加賀山、埜村、杉原の七名で、小夜先生から「今日は七名で血盟のつもりで同志としてやってください」というお言葉があり、その証としてワインを頂いた。今日は我々仏道蘇生同志会員として大切な日である。小夜先生から、神域の食堂での正式な会合はこれが初めてである、とのお言葉であった。私の記憶する限りでは、神域の食堂においての会合は、これが最初で最後であったように思う。

昭和四十六年十月三日、九月二十七日より十月二日まで、高野山、京都に同志を募るために行っておった。昨日、京都より午後九時頃帰り、午後九時三十分頃に教主様の御部屋に入室させて頂いた。

教主尊師は「十一月二十七日、ホテル大倉で峰僧正、中野義照、松長、宮坂先生方と会う機会を作ったらどうか。妙昭尼の事は十月十五日で帰らす。その後同志にしてはどうか。今回でもって第一歩を踏み出した。これから仏道蘇生運動は大変な棘の道であろう。苦しみも出てくるであろう。しかし、これを乗り越えてこそ真なるところに行くのである。煩悩は自然と川の土地が流されて行く如き浄められてこそ、本当に悟りの世界に行き、捉われの心が無くなるのである。

昭和四十六年十一月二十四日、午前中、仏道蘇生同志会事務所に日蓮宗の宿波本積師がお見えになった。今日の午後十時過ぎ、教主様からお呼びがあり、御部屋に入室させて頂いた。

先ず、初めに用は無いのだが、という御言葉より始まり、明日、ホテル大倉での高野山関係についてお話があり、その後、私に対して、お前は一徹なところがあるので、自主的な動きといっても好かれるような自主的でなければ意味がないと言われ、しかし、何でもハイハイと言うのではないのだと言われた。仏道蘇生の本を早く仕上げるようにという事、孝俊の家は単立の宗教法人にし、東京へ一時間程度の寺と交換すればよい。本尊は釈迦如来をお祀りして、母と一緒に住んだらよいではないか、とも言われた。

智泉の場合、病気をして三十七歳で亡くなり、お母さん（弘法大師の姉）は大変嘆き悲しんだものだ。人間というのは、そういうものだ。儂が世俗の人間であった場合、一つでも悪口を言われたことがなかった。しかし、宗教人になってから、あちらこちらからいろんなことが出て来た。宗教者というものは大変なものだ。

因縁機果を識る

昭和四十六年十一月二十五日（木）、午後六時から午後十一時半までホテル大倉に、教主様は高野山関係の諸先生方を食事に招待された。丁度その時、東京でインド学会が催されていた。藤井僧正を通じてお集りの峰堅雅、中野義照、上田天瑞、亀山本元、松長有慶、大野俊覧各先生方は、大変学問も知識も幅広い方々ばかりである。しかし、なかなか聖なる人がそこに存在しても、その価値を判断することは困難だということを教えて頂いた。

ここに人間釈迦や空海がいても、同じことだと分かった。それは、昔、釈尊の時代にお会いしても、空海にお会いしても、その人の偉大さを発見し、その人から教えを素直に受ける事が出来ないであろう事を、私はその席で嫌と言うほど感じた。これこそが釈尊の説かれた因縁機果だと分かった。私は教主尊師を我が師と理解させて下さった神々、仏菩薩様に感謝申し上げたい。

昭和四十七年六月二十六日（月）午前十一時半頃、菅野先生が三階の事務所（仏道事務所）にこられ、東急本店で教主尊師がお食事をと言って下さっておるので、という事になり、十一時四十五分に東急本店に行くと、教主様はチャンという中華料理店にお出でになっておられた。出席者は菅野先生、加賀山氏、沢口氏、埜村氏、杉原の以上五名であった。

そこでの教主様のお言葉は、「お山奉仕をすると身体が疲れるということに始まり、藤井先生が寺から出て、皆と一緒に先頭を切ってされるようになれば、それは素晴らしのだが、なかなか出来ないことであろう」ということから、いろいろな話が続いた。

その中で私にとって特に印象に残ったことを書くと、修行に行く場合二つある。それは力を頂いているにも拘らず、それを理解出来ずに、客観的に眺めながら自分がどのくらいにいるか判断して、そこに到達する人がいること。教主様は常に言われることがある。経典の中に書いてあることだけが、仏教だと思っているが、そうではない。経典は四、五百年後に書かれたものであるごとく、経典の中にある境地を体得した、その他を見れば仏教たるものが理解出来るであろう。何の目的でもって修行しているかという質問。これによって真言宗の人々と話して行けばいいのではないか。反論があって初めて反響があったと思えばいい。

今回、いや、いつも私が反省することは、妬み心があるということである。これが修行者にとっては一番マイナスである。つまり、嫉妬にも通じるのである。悟りは自分の心の問題である。他人との比較でも何んでもないのである。それは、修行者が修行者の足を引っ張るのである。

修行者、済度者は全ての人間が悟りの世界に早く進むべく手助けをする人々である。その人々が何故足を引っ張るのか。それは他の世界に捉われているからである。そして、女性、この三つが私の修行には大きな関門である。これは不浄観である。何故、これを不浄でないと判断するのであろうか。それは人間が持っている欲望、性欲のためにそれが無くなるのである。しかし、済度者は、浄、不浄を解脱しなければ済度者には程遠い問題である。真言宗の次第で舎利を降らす行法があるが、もしお前（杉原）がその次第の通り修すれば、必ず仏舎利が湧いて来るであろう、というお言葉であった。

（注）孝俊思う　私は先回、高野山の僧侶として百日間の修行をさせて頂いた。その後、高野山に帰り高野山の修行を致しました。しかし、百日間の教主様の許での正座観法行で、私の今世で受ける内容の全てを受けていたように常に感じるのである。二年後、再度大元密教に教えを頂きに参った。その後、教主様直々の正座観法行は百十二回、小夜先生からは三百四十八回、その後、五百回程度の正座観法行を拝受したことである。私の修行は正座観法行による境地の開拓行ではなく、百日間で受けた私の使命の実践をしているような気がしてならないのである。

尊師が私にお言葉を下さるのは境地の話ではなく、密教たる密教の話ではなく、仏道の実践の話がいつも中心になって来る。私の心の中には時々、正座観法行によって密教の密教たる所以の御教えの境地を望むのだが、私には過去の真言行者が保持した真言秘密の法を通じて、神秘の世界を体験させて下さるのであった。正座観法行における行の内容は一体どのようなものであるかと観ずれば、根本神、根本仏の現れである応身仏、教主大玄聖人様の境地を与えて頂くということであろう。

教主の神秘の一端を教主の意志なり、信者につながる神の指導、もしくは教主自身が与えられるので手に取るように分かる訳である。教主亡くなりし後は、正座観法行も秘密の法としての法、密教に裏図けられた法として、そして師は、末法は無いと言われるごとく、正法として修行者の縁ある神仏に導かれて、ゆっくり進んで行くのであろう。

昭和四十七年九月二十三日（土）午後十二時半より五時半迄、教主様の御部屋にて、古屋教師、小野教師、菅野教師、埜村、杉原以上五名にお言葉を下さった。

『仏道蘇生』刊行ご示唆

まず仏道蘇生同志会に対する方向性で始まる。「十月二日、堀井先生より藤井僧正に仏道蘇生の運動資金について話す予定である。仏道蘇生の一ヵ月間の資金は四十万円いる場合、共済会から二十万円、藤井僧正から二十万円出してもらってはどうか？

その場合、一ヵ月ごとに二十万円もらうのではなく、百万円なり、一ヵ年分なりの金を、まず入れるという方向を取ってはどうか。加賀山、埜村は大光報の社員になり、そこからお手当を頂きながら両方を掛け持つという方向を取ってはどうか。将来は大光報社から『仏道蘇生』を発行するようにすればどうだろうか。

仏道（一）、人間性（一）、大光報（二）という組み合わせで発行する。現在は今のままで発行する。もし、今、休刊したり廃刊したりすると、この運動もこの程度かということにもなり兼ねない。藤井僧正は仏道蘇生運動をするのかしないのか、どちらなのか。藤井先生の本音であるが、千部印刷費だけでも試売しないという条件で、印刷費だけで頂けるようにしたらどうか。

薬師堂の件は上川氏の経済的な件を聞かれ、自営できるように駐車場があるならばお布施という形でお金を得れば自営出来るではないか。宗教家は三つの要素が必要だ。大経世者、神秘者、弘法者以上の三つを持っていなければならない。弘法大師は竜樹以下、七祖のものを表したにすぎない。儂はそれとは違う。儂は大玄のそのものである。竜樹にしろ、大玄の流れから出たものにしか過ぎない。

昭和四十八年一月二十五日、山口県庁職員が、千寿院設立のため菊川町の我が家に視察に来院。礼拝道場等を視察され、一応これで十分であろうということになり、二週間後に宗教法人の認定書が降りる予定であった。降りれば、二週間以内に登記しなければならないと言われた。

教主様は悟りを開かれて一年十ヵ月間、内考された訳である。私は大変である。未熟者の小僧が次から次へと前進するのみである。今考えると、早すぎた感じがするように思えた。

昭和四十八年三月二十一日、横浜の増徳院に行き、夕方東京の仏道蘇生同志会の宿舎に帰る。菊川町の代証人の古井さんから速達が来ていた。それは千寿院の件で三月十五日に認証され、千寿院の単立法人設立が全て終わりました、と言う報告であった。後は、多くの信者が参拝出来るようにする仕事が残っているのみである。それは、私が菊川町に帰ってからの事である。

昭和四十八年四月十五日、大元密教の春の大祭日である。この大祭は教主様が出家を決意された日を記念した大切なお祭りである。仏道蘇生同志会会長として、教主様の神秘性を伝える本、藤井真水僧正著『仏陀の再現』をようやく完成させる事が出来た。東京での三年間の修行は、仏道蘇生運動を起こし、『仏陀の再現』発刊のお手伝いなど、仏道蘇生運動の実践場を造るための三年間であったように思える。

昭和四十八年六月一日、第二百六十五回目の正座観法行を小夜先生より受ける。これで、一応三年間の東京での修行の最後にあたる訳であったが、三年間の間、正座観法行はいつもと同様、心の中は常に雑念が沸き起こり、行らしき行、密教の密教たる行も、密教に裏付けられた顕教も受けることが出来なかった。

六月三日、増徳院で歓送会をして頂き、六月四日、張法印師を訪問し、その後『仏陀の再現』に掲載するために座談会をし、六月五日、小田原本部聖地を参拝し、六月六日に増徳院訪問。東京本部道場に出発の挨拶をして、夕方、大阪布教所参拝、六月七日、宇部布教所参拝、六月八日千寿院に赴く。

昭和四十八年六月八日（金）千寿院に着き、今後の行動を確認する。一応三年間の大元密教における修行が終わったのであろう。仏教では、「他国坊主に地侍」という言葉がある。自分の生まれ故郷で仏教を布教することの困難さを、このような言葉として表しているのである。これから棘の道が待っているのである。

世界に一つしかない寺院

お経を上げて欲しいという者があれば、
読んであげてやってもよいではないか、と言われた。
また、黒の衣を着るようにとのおことばであった。
自分が何処に帰依しているかハッキリ分かればよい。

釈迦如来像の御霊入れ

昭和四十八年六月十八日、教主尊師より御霊を入れて頂いた釈迦如来像をお祀りして、母、実兄の三名でささやかながらお祭りをした。

昭和四十八年六月二十七日、三人兄弟の一番上の兄から、家を寺にしたという事を親族に報告に行ったほうがよいのではないか、という注意を受けたので、母と二人で親族に次の日廻ることにした。

昭和四十八年七月一日（日）、夜六時、千寿院の改造について河内、戸田、重富、杉原、矢萩、母、孝俊の七名で、一応寺らしくするための設計について話し合った。

七月四日から千寿院造りを始める。

昭和四十八年九月二十九日、久しぶりに東京本部参拝。仏道蘇生同志会員として、教主尊師にお会い出来る機会を頂く。

教主様からは、特に千寿院について「世界に一つしかない寺」とまで言って頂き、有難い極みであった。また「これから信者のお参りもあり、金は余り多く上がらない。野菜その他がよく上がるであろう」。そして、「お経を上げて欲しいという者があれば、読んであげてやってもよいではないか」と言われた。また黒の衣を着るようにとのお言葉であった。慈照、北山教師を千寿院に来院させ、占いや祈祷等をさせて人集めをしてもいいではないか（有髪の尼僧ということで）。そして、桐山密教とやり合う位、つまり杉原密教でもいいではないか。それくらいはやらなければならない。最後には、「自分は何処に帰依しているかがハッキリ分かればいいではないか」と。

（注）孝俊その時思う　ああ、これは過去世、私が未熟な時、多くの人を教えによって迷わした時があったのだと感じ、唯々懺悔するのみであった。

昭和四十九年三月二十五日から二十一日間、仏道蘇生同志会主催の修法会を教主様御了証下さり、十九日間の正座観法行を受けさせて頂いた。教主様十一回、小夜先生八回、以上十九日間の修行をさせて頂いた。二日間は、修法会に参加した僧侶同士が研鑽、議論することになった。今回は、実に充実した二十一日間の修行が終わった。四月五日、教主尊師から十一日目の正座観法行を受けさせて頂いたが、四月六日から小夜先生に変わられた。

昭和四十九年五月十六日、正座観法行を村井照善先生より、通算三百五回目の行を受ける。本部事務局より御神影を御下賜頂く。五月十七日、稲生師と二人で千寿院に着く。その時、奥山草心先生、内田軍一歯科医、中井八重子、笹尾ヨネ、瀬尾八重子、杉原八重子以上八名でお迎えされた。

千寿院開きにあたって、この法人は本佛（遍照金剛法身如来）を中心とし、左右に諸仏諸菩薩を合祀し、根本仏教を宣布することを目的とする。これは人類史上初めての事である。参拝された一同に配布した文章を披露させて頂く。

千寿院開きの配布文

このたび、本仏を本尊として千寿院にお祀り出来ましたことは、ひとえに法友、縁者各位の温かい御援助の賜物と深く感謝申し上げる次第です。かつて私が《生》の意義を求めて、インド、ネパールの聖地を巡拝した時、そこで見出さねばならなかったのは、私をあやつる不思議な糸でありました。「私は、誰なのか、何なのか、何故、ここに肉体を持って存在しているのか。何故、生があり、死があり、輪廻転生があるのか」という、どうしようもない問い掛けだったのです。

今になってみますと、その問い掛けの不思議な糸に操られて、僧侶の世界に入ってしまったようなものです。そして入れば入る程、人間とは何かが分からず、宗教人として生きるべき確固とした信念も固まらず、いたずらにマンネリ化した修行に時を費やしてしまうような結果となりました。一人だけで修行する事の限界を感じ、正しく導いて下さる師なくしては、人間の神秘なる生命の謎も、輪廻転生も、神仏の世界への道も、いたずらに試行錯誤に終わることが判ったのでした。

時に機縁熟してか、昭和四十五年五月十四日、仏道蘇生同志会会長藤井真水僧正を通じ、東京に在住の小島大玄聖人の許で、丸三年間修行させて頂く幸運を得ました。大聖師の許でさせて頂いた修行は、世間で考えているような、水をかぶり滝に打たれ、或は断食をするとかいろいろの苦行や読経三昧の行のことを言うのではありません。それは二時間なり三時間、大聖師の御前に正座し、眼を閉じて合掌するという、ただそれだけの修行なのです。

ところが、この一見なんの変哲もない修行の中から、私が今まで自分なりにやって来た修行では味得できなかった、人間にとって一番大切な事を少しずつ教えられて来たのです。それは人間誰もが、やがて一度は体験しなければならない「死」についてのことでした。生ある限り必ず人は死ぬという事です。そして、この死という現象を通じ、帰らなければならない別なる世界（霊界）があるという厳粛なる事実であります。では人間の「何が」現実世界から別なる世界に帰るというのでしょうか。

この人間の「何が」とは、まぎれもなく人間の本体である霊、つまり魂であります。この人間の本体である霊体と、それを包んでいる衣とも言える肉体が一つになって活動する姿、これが現実に生きている「人間の一生」という事なのです。そして肉体の消滅によって、人は死に、本体である霊体は元に戻るのです。つまり霊界に帰る訳です。そして再度、三度次の経験を積むために、霊体は別の生命として人間界に現れて来るのです。

これを子供が誕生したというのです。これを人間は永遠に繰り返しているのです。これを輪廻転生と言い、これを繰り返すことによって肉体は、肉体なりに磨き、磨かれ、人格が完成し、霊体は、霊体なりに浄化し、浄化されて、霊格が整って、霊界における位が確立され、人間の最終目標である神仏と一体になれる世界に向かわなければならないということを、教えて頂いたのです。

私は初めて、私を動かしていた不思議な糸を操る存在を知らされた時の驚きと喜びは、とうてい筆舌では表現することは出来ません。人生は一代限りだ、自己の思いのままに生きればよい、と考えていた安易な気持は無残にも打ち砕かれてしまいました。しかし、これこそ私が今まで求めて求め得られなかった真実であり、正しい師に依ってのみ与えられる、真の喜びだったのです。そこで、この喜びを自分一人のものとして秘めておく訳に参らず、一人でも多くの人々に分かち与えねばならない、と考えるようになりました。

遥か昔、お釈迦様は弟子達に人間として、僧侶として正しく歩む道、人間完成の道を励むように教えられました。多くの悩める人々は、オアシスに集まる旅人のように、弟子たちの周りに集まって、そこで語られるお釈迦様の日常のお諭しを聞くことによって、人間としてより正しく生きるという勇気を与えられました。そして、その中から人々は正しい信仰を知り、正しい修行を知って、人間として立派に生きることを目標とし、生きる目標が到来したのです。

それは、あたかも昔インドの多くの人々が仏陀の出現を願い、その願いの中からお釈迦様が御出現なされたように、またユダヤの多くの人々の願いの中からイエスが御出現なされたように、全世界の多くの人々の願いの中から、この昭和の御世に大正覚者である大聖師が御出現なされたのです。

そのことは経文に示され、また弘法大師の予言にあるように、「自受法楽の神」がこの日本の国に御出現なされたのです。あたかも三千年に一回しか花を開かないという優曇華《うどんげ》の花に遇うように、現代のお釈迦様である大聖師に法縁を頂けたことは、人間としてこれほどの喜びが何処にあるでしょうか。また、このたび一寺を建立するに当たり、畏れ多くも大聖師より「千寿院」という寺名を頂くという、身に余る光栄に浴しました。これも偏に信仰によって結ばれた法友、縁者各位の物心両面にわたる御援助によるものと深く感謝する次第です。

そこで私は、この千寿院を寺院本来の姿として護持してまいる覚悟です。「寺とは、このようなものであったのか」、「寺とは、なんと有難いところだろう」、いや「寺とは、なんと勿体ないほど神仏の御慈悲に満ち溢れたところだろう」、「地上にこれほど清く浄らかなところがあるだろうか」と、このような思いを必ず皆さんが心に懐き、法悦に浸るであろうことを固くお約束いたします。これが僧侶として踏み出す私の第一歩であると覚悟しています。

僧籍に入りましてから、かえって疑問が深まり、矛盾に苦しむことになりました。それは、寺と僧侶の在り方についてでした。それこそ、末法の生きた証が、寺と僧侶の姿と言っても過言ではありません。葬式か観光寺のいずれかであり、儀式僧か案内僧に堕して、魂の救い手であり、霊の導き役として真の宗教活動の片鱗すら窺えない有り様でした。その有り様を見るにつけ、僧侶としての苦悩がかえって深まって行くばかりでした。

大聖師に法縁を頂いたことで、その苦悩も雲散霧消することが出来ました。そして今、正法を証示し賜う処の本尊様を、この千寿院にお祀り出来、神仏の限りなき御慈悲を皆さんにお分かち出来ることは、例えようもない喜びです。千寿院は、死者の弔いのために建立したものではありません。生きている皆さん方の済度の場として、本尊様をお迎えしたところです。そこで千寿院は、礼拝の場であり、魂の救いの場であり、教化の場であり、修法の道場です。そして、神仏の実在の証の場であります。誠なる合掌をもって本尊様を拝み、大聖師を念ずる者、悉く救われる喜びを、皆さん方と共に味得致したく存じます。そして、一人でも多くの人が法縁に結ばれて喜びを共にするよう、弘法宣布に挺身いたす覚悟であります。

千寿院　杉原孝俊　合掌礼拝

千寿院開き

千寿院開きの日は、五月十九日午後二時より藤井真水会長をはじめ仏道蘇生同志会、加賀山信道、埜村宗郁、沢口揮禅、上川光正、戸田妙昭、稲生隆信の他、奥山草心先生、古屋久仁先生、本庄マカサ先生、斎藤慈照先生、大元密教信者、菊川町民以上一五〇名あまり参加して執り行われた。

昭和四十九年六月二十七日、私の三十歳の誕生日である。安徳天皇様がお祀りされている豊田町の天皇様に参拝し、私の心の中にふと、修行には女性が必要だと感じたのである。それは私の修行を引き上げてくれる女性の修行者である。私より数段精神的に高い境地を持った三十歳から五十歳前後の女性である。七月一日は私の戸籍上の誕生日である。華山の頂上の仲哀天皇様に参拝する。途中、華山開山の徳仙上人のお墓に参拝することが出来た。それから岩屋の不動様にも参拝した。此の岩屋では約十年前、十八歳の時、華山神上寺で半年間修行していた時、寒い日、一日岩屋の中で修行したことが有った。一晩岩屋の中で過ごしたのである。

昭和四十九年十月二十九日、友僧上川光正師が増徳院薬師堂より千寿院に来院、一年間千寿院のために来られる。千寿院を公的なものにすべく二人で努力する（上川師、五十年五月二十一日東京に行く。その後、故郷の岩手県に帰り光明院を開く）。

昭和五十年二月二十日、仏道蘇生同志会が東京の青山に移り、仏道蘇生同志会の結束を図るため二十一日間の断食行をすることになった。東京で十四日間、菊川で七日間の二十一日間の修行である。最後の二十一日間の修行の夕方、菊川町のライオンズクラブの会員の方々に公民館で講演することになった。

昭和五十年三月二十四日、人の多くいる所で布教をしたくなり、下関市唐戸のバス停の公園の一週で、座って般若心経を唱える修行をする決心をした。朝十時三十分から午後三時まで座りっぱなしの行である。そこに座って般若心経を唱えると、心の中に次々と過去の修行方法が出て来るのである。私はそれに応じて行ずるのみである。私の心の一方では温座行だけではなく、お釈迦様が説かれた小乗仏教の経典、南伝大蔵経を読ませて頂きたいということを感じたのである。

昭和五十年六月十八日、決断をした。菊川町の千寿院で、私の心は一つの決断をしたのであった。「我が身をこの地にとどめおく」という思いになった。此のことは心が母なる大地と我が結ばれたことを意味し、ここを中心に修行して行くことになる。古い真言宗の秘密の修法の体験と実践の始まりである。ようやく南伝大蔵経のすべてが、桶尾ユキエ、市本妙応の二人の女行者の協力のもとに全てをそろえることが出来た。また、この南伝大蔵経の修行が始まるのであるが、どのような修行なのだろうか。

昭和五十年十月三十一日、朝、三時に起き、南無遍照金剛法身如来と五千遍唱え始めた。そして八時三十分頃から菊川町に托鉢に出る。午後三時から南無遍照金剛法身如来と五千遍唱える。その後、七十五日間かけて百万遍あげることが出来た。昭和五十一年一月二十日に無事完了である。その後、観音真言を七万遍上げる修行をしたり、舎利礼のお経を千回あげたり、次々と変化して行くのであった。一月二十日より観音経の修行に加わり、観音経を三千巻あげることになり、その間、御大師さまの御真言を二十一万遍あげることになり、というように目まぐるしく変わって行った。途中で地蔵菩薩の真言を二万五千遍、仏眼菩薩の真言二万四千遍と、何かしら雑然とした修行のようになったが、その中に何か意味があるのであろう。

それが昭和五十一年四月二日まで続いた。その後しばらく修行は休みとなり、五月十一日より礼拝行百八礼拝行の修行が二十一日間入り、その間、白髭稲荷大明神様の真言が一日二千遍ずつ唱える修行が始まった。

五月十四日からは、高王白衣観音経を千巻唱える修行が始まった。五月三十一日に礼拝行、二十一日間が終了し、その後、理趣経、金剛界礼懺《さん》、胎蔵界礼懺の行が加わった。六月三日、白髭稲荷大明神の三万遍の修行が成満す。六月六日より弁財天の真言三万遍する。残っているのは白衣観音経の千巻のみとなる。

七月六日より新たに天部の真言である聖天様の御真言が加わった。今度は一落叉十万遍の修行である。八月七日聖天様の真言十万遍が成満する。また、八月二十日より聖天様の心中真言を十万遍を唱える修行となり、十月七日無事十万遍唱えることが出来た。十月二十六日白衣観音経を九百十巻あげたところで、いろいろな事が心の中に起こって来た。

これから少し生活の事も考えて行かなければならぬ。どの程度妥協を許すかということである。そして、私が出来る範囲を決めて行かなければならぬ。今までの三年間は、ただがむしゃらに歩んで来た。此の三年間で得た境地はどの程度であったか、そして積み重ねはあったか、これが問題である。

確かに衆生のために生きることは素晴らしい。しかしその前に、衆生のために生きることの出来る自分になっているか、ということである。それが出来ていないのに何が出来るというのか。自分のことを考えて見ると、衆生に生かされているといった方が正しいであろう。

私は三十七歳で、私のためにする修行を終えることにする。三十七歳と言えば人生の半分である。人生の半分を自分の欲望のための修行をすれば十二分であろう。その後は、多くの人々のために全ての力を持って行くことにする。多くの人々のためということは、自分の仕事、自分の勉強の時間を持たないという事である。それ故、三十七歳までは私の魂の救いのために、全精神力を向ける事にする。

私は過去に華山神上寺で高野山大学入学に全てを賭けた。次は僧侶になることに全てを賭けた。そして、大学での勉強に終止符を打った。高野山奥の院、そして大元密教、この大元密教においても十二分な師弟関係によって訓育がなされることは無かった。そうされることが、真の訓育であったのかもしれぬが。今度は我が家に帰り、寺を開きながら修行し、教化のままごとをしている。人間ならばお世話になった倍くらいは、世間にお返しをしなければならないであろう。

私は三十七歳まで自分のために生きるのであるから、七十四年間は人のために生き続けられる人間にならなければならぬ。そうすると元気で百十一歳までということになる。どちらにしろ、三十七歳までそのようにさせて頂く。三十八歳になってから結婚するもよし、そして、その女性と子供達のために生きるもよい。三十八歳以後は、私以外の人々のために生きるよう十二分な修行をさせていただくことにする。

その後は、髪を伸ばすのもよいであろう。僧侶姿を止めるもよいであろう。何をしてでも人のために生きるようになる。これが重大事である。三十八歳以後の私の生き方、それは私以外の人々のために生きること、そしてもうすでに亡くなっている人々の霊のなぐさめ、この二つに私の人生を捧げることにする。此のことに対して私が歩み、そして死んでも私は悔いを残すまい。それが間違いであったとしても私は悔いを残すまい。

昭和五十六年六月二十七日、午後三時以後、私は自分が出来ていようが出来ていまいが、自分が納得しようが、すまいが、今までのような自己を求める動きを止める。それ以後は、そこまでに得た気持で多くの人のために、多くの霊のために、私は全力を傾けて行く事にする。なぜならば、この肉体を持っての人間界における働きには、限界があるからである。自己のための求道は、今世では三十七歳までで結構である。

今度また人間界に生まれて来た時に、自己のための求道をすればよい。三十七歳以後、三十八歳からは自己以外の人々や霊のために生きる事である。これが私の人生観である。人のために生きること、霊の救いのために生きること、自己のための求道を止め、多くの人々の希望を叶えさせてやることである。多くの人々の従僕となることである。多くの人々の主人になることではない。これを十二分に理解しなければならぬ。

内観の法を修す

昭和五十一年十月二十八日、故郷、下保木、船場、上保木等を托鉢する。夕方、小野田の松岡先生宅を訪問する。その時、御大師様のお堂を建立させて頂こう、という気持になった。

昭和五十一年十一月十五日、白衣観音経千巻の行が終わる。今日は父・杉原芳夫の七回忌であり、千巻読誦成満日が父の七回忌の命日とは、唯々観音様に感謝するのみです。これが自然の流れであろう。

昭和五十一年十一月十六日、午前中に韓国の蔡印幻禅師が來院するとの電話があり、午後十二時頃見えられた。いろいろ話をしている内に、私の口の話になった。口が荒れていたので、呼吸法をしたらよいという話になり、それも自分の自然のままの呼吸法を身に付けるようにすることですよ、という話になった。私はしばらく忘れていたものを思い出された感じであった。それは昔、竜樹菩薩と二童子が現れて私に教えて下さった「内観の法」である。私はその「内観の法」を教えて頂きながら、自分の身に付けることをせずに七年間過ごして来た。

昨日、白衣観音経千巻の修行が終わり、次は何の修行をさせて頂こうかと考えていたところであった。これこそ時期到来の感じがするのであった。来るべき人が来られて、私に七年前のことを思い出させてくれたのである。これこそ菩薩が示したもう教えであったと強く感じた。これから毎日出来得る限り身に付くまで、「内観の法」をさせて頂くことにする。呼吸法に対して限界を感じていたところであった。それはお経をあげる時あげにくく、それ故このことを学ぶ条件が調って来たのである。今日は蔡禅師と明治維新の高杉晋作の墓の有る吉田と、出陣の地である長府の功山寺に行き、午後六時頃千寿院に帰る。

昭和五十一年十一月十九日、「内観の法」を修することによって、なにか力強いものを腹の中に観ずる。安定した力が湧いて来た。午前中、馬頭観音像を彫る。そして午後より弘法大師像と不動妙王像の彫刻にかかる（後、大師堂の本尊と脇仏としてお祀りされる）。「内観の法」をいつもすると、自然と龍樹菩薩と二童子と如意宝珠が浮かんでくる。「内観の法」を修する事により、自然と参拝者が千寿院に多くお詣りされるようになって来た。

昭和五十一年十二月十七日、馬頭観音様の彩色を終える。九月四日より十二月十七日まで百五日かかって、ようやく出来上がった。二十日で百八日である。百八煩悩で丁度よいではないか。

昭和五十二年二月二十五日、文殊菩薩の御真言五十万遍成満まで八十四日間かかる。午後より不動明王像を彫らして頂く。夕方より普賢菩薩の御真言五十万遍を唱えさせて頂く。これから何日で五十万遍上げられるか、自然の流れの中で修行をさせて頂くことにする。

昭和五十二年三月一日、「内観の法」はまだ続いている。百六回目である。そして、普賢菩薩の真言一万三千遍である。その時、一つの歌が心の中に出て来た。

尊師より
　御慈悲頂き
　この御手を
　一の万なる人々に
　布施の修行を
　発願す

それは昔、大元密教に初めて百日間の修行をさせて頂いた時、アメリカに行く前に、お前の手を握ってやろうと言われた。そのことは、私がアメリカに行かれなかったので、実現出来なかったのであった。それというのは、再度東京での修行をするため、山口県から東京の渋谷まで徒歩で行くことになった。その時の第一日目の夜、野宿して次の朝、左手が全部完全に機能しなくなり、左手はぶらぶらになった。幸い左手に痛みは無く、東京に無事着き、手は不自由なままであったが医者にも行かず、半年以上経った時、小田原の聖地で教主尊師から両手を触れて頂き、左手を治して頂いたことがあった。その時、力をやろう。多くの人々を援ける力をやろう、と言われたことを思い出した。

授かったお加持の方法

昭和五十二年三月三日、朝、夢うつつの時、お加持の方法を授けられた。お加持する人の両肩に手を置き、以下の真言を唱える。オンソワハンバ、シュドタラマ、ソワハンバ、シュドカン。この浄三業の真言を唱え、礼拝の印を組む。この修行は、余り今までしなかった。今後もあまりしないであろう。しかし、必要な時はさせられるであろう。

昭和五十二年三月十日、午前中に不動明王の像を完成する。

（注）この像は大師堂の本尊弘法大師の脇仏として、後、祀ることになる。

昭和五十二年三月十三日、朝、不思議な夢を見せられる。それはある寺に参拝した帰り道、ある池の近くに亀が三段に重なり、その亀の上に塔があり、その塔を参拝したのである。その後、薬師如来像を参拝した。そこで完全に目が覚める。

（注）この塔は胎蔵界の大日如来の世界で、三つの亀は三大を表現しており、塔は大日如来を表現していることが理解出来た。

昭和五十二年四月十九日、普賢菩薩の御真言を二十万遍あげる。内観の法の修行は、百五十四日目であり、まだ続くようである。

昭和五十二年五月二十一日、御大師様の日であるが、菊川町の下保木の杉井家から、大内家の姫様の守り本尊地蔵様の修理のため持って来られた。杉井家は江戸時代、下保木の庄屋であった。これが私の人生を大きく変えることになる。

昭和五十二年五月二十七日、朝、近くの家の吉富さんの家の夢を見る。破れかけた土蔵に行き、蛇がその蔵に一杯いるのである。そしてこの家は己様の社を造らなければならない。そしてこの一つの社に己様を祀ればよいというようなことを言っているのです。なぜこのような夢を見るのかと思いながらいると、それから十七、八歳くらいの二人の白衣の女性の夢を見た。それはそれは、可愛いらしい女性であった。多分、この女性は大内家の姫様であろう。十五、十六歳かも知れぬ。まだ可愛いといった感じの女性であった。

午後、杉井さんに電話をすると、一つの位牌に二名の名前が書いてあると言った。やはり、二人の女性は大内家の姫様であることが分かった。それで地蔵様を修理する時、四、五日間寂しい気持が続いたのである。どうか神仏の御慈悲にて、二人の姫御前が救われますようにと修理の期間中祈念していた。六月三日、午前中に地蔵菩薩と二体の天部の神様の修理が終わり、杉井さんに引き取りに来てもらった。六月十五日に地蔵菩薩を引き取りに来られることになったので、少々時間があった。その間、大内家の姫様達の供養のため光明真言と地蔵菩薩の真言を唱えさせて頂いた。しかし、地蔵菩薩が杉井家に行かれると寂しい気持が起こって来た。

昭和五十二年七月二十四日、お地蔵様の縁日に、お堂の修復と地蔵様、二体の天部の神様の修復記念法要を、杉井家一族三十数名参集のもと行われた。その時、杉井家のおばあさんが一同に、私が杉井家に嫁ぐことに躊躇している時、杉井家の池の上からお姫様が手招きされていたので結婚したと話され。その時、近くの家に嫁いでいた娘さんが、今までお母さんからよくお姫様の話は聞いていたが、今まで一度も見たことがなかった。今日の朝、初めてお姫様の姿を夢で見せられましたと話された。

おばあさん、私、娘さんの三人が夢を見たので、杉井家一同驚きを持って聞いておられた。私には大内家の姫様が声を出して、有り難うございましたと言われた。たぶん、今後この事によって何か不思議なことが起こる予感がした。

昭和五十二年八月六日、今日から吽字の修行に入ることになった。三十万遍の修行である。吽字は金剛薩埵の一字真言である。

昭和五十二年八月六日の朝、亀の夢を見た。亀は妙見様の使者である。これが何かに導いて下さるのであろう。十月八日、真言宗御室派の菩提寺の住職、片山宥見権大僧正が下松市の妙見社を見に行ってみたらどうかと言われたので、十月九日に行くことに決めた。九日の午前中、下松市の妙見社、鷲頭寺に行く。自然の水の流れの中に身を任せる以外にない。二、三年で一つの結論が出るというので、いろいろ勉強になるからと一考した。

昭和五十二年十月十日、午前九時三十分に千寿院を出て、東京に六時前に着く。十一日午前中、大元密教本部に参拝し、午後から東京の街で仏道蘇生運動の街頭行動。夜、城南教会に参拝。十四日まで仏道蘇生運動の街頭行動。十五日大元密教の大祭。十六日、正座観法行を受ける。三百四十八回目の正座観法行を小夜先生から受けた。夜七時に仏道蘇生同志会宿舎に帰院。十月十七日、朝、渋谷の大元密教本部に参拝。その時、偶然にも教主大玄聖人様にお会いすることが出来た。

教主様はお身体が優れない中、精一杯己の力で歩いておられる姿を拝することが出来た。そして優しいお言葉を拝聴することが出来た。それは、「そこにいるのは、上川と杉原だなと」という言葉である。そして玄関で、「杉原は大人になったな」というお言葉を、小夜先生にかけておられた。その後、小夜先生は私に、「教主様が、大人になったなと言われましたよ」と言われた。その言葉を聞き、その足で小田原のお山で執り行われる奉告祭に向かった。

後任住職の辞令

東京から二十日に帰り、三十一日まで菊川町全域を托鉢する。十一月三日に千寿院の本尊、遍照金剛法身如来の教主様のお祭りをする案内のパンフレットを配りながらの托鉢である。

十月三十一日、十一月一日、十一月二日と続けて教主尊師の夢を見させて頂く。私の行動に対して「このまま行ってもよい」との暗示を頂いた。そして、お経の声が聞こえてきて、それが梵語のようであった。そのうち、不動明王の真言を唱え、私の身体の悪い部分、胃であろうか、それを手で腹の上に置き、印を組みながらその悪い部分をすべて手でちぎるのである。少し痛かった感じである。しかし、このような体験をしたのは初めてである。

昭和五十二年十一月三日、午前五時に起き、お供物の準備をする。午後二時よりお祭りである。三十人程度の参拝者であったが、これから一歩一歩前進した動きをさせて頂こう。

昭和五十二年十二月七日、朝、教主尊師に御縁のある華山神上寺での出来事の夢であった。それは聖天祭であった。法螺《ほら》を鳴らし、銅鑼《どら》を叩き、大変な人の行列があり、僧侶が何百人と集まり、その行事が行われた。聖天様を洞窟の中の泉の中に花輪を浮かべ、その花輪の中に聖天様を漬けて洗い、浄める儀式である。これは年一回の儀式である。洗った後には、護摩で炊いた灰の山が水の中に落ちていたのである。多分、護摩が焚かれ、聖天様に蘇油がかけられ、一年中の油を洗い、垢を洗い流す儀式であった。それはそれは、沢山の人々の集まりであった。

昭和五十二年十月九日、午前中に大師堂の基礎工事が完成した。これも私が一人でコツコツとセメントを練り、流して作る次第であった。

昭和五十二年十二月十三日、朝夢を見る。それは下松の妙見社の妙見様のことであり、昔に古い剣舞があり、これを復活すること、それから神輿を出すことを言われた。そして寺沢住職の心は引退する心であるそうである。来年か再来年には、私が住職になる可能性が強くなって来た。それ故、早く弘法大師堂と南天大蔵経の修行を来年中にするか、再来年中までしてしまわなければならぬ。

昭和五十二年十二月十七日、朝八時に菩提寺さんから、妙見宮鷲頭寺の後任住職の辞令が降りたという連絡と、高野山派から御室派への師匠替えが出来たという連絡があった。来年一月八日から本格的に大師堂建設の寄進勧募に精進努力させて頂く。

昭和五十三年一月二十四日、今日は午後から大師堂寄進の修行をする。今日は一件のみである。二月から本格的に勧進僧の修行に入らせて頂くことにする。何もかも修行である。何もかも経験である。この勧募によって宗教人としての責任を少しずつ感じさせて頂けるのである。

菊川町にお大師堂を建立させて頂くことが、どれだけ有り難いことであるか分からない。大師堂の完成後、南伝大蔵経の修行に入り、その間を見て托鉢の修行を今年中にする。来年か再来年には、妙見宮に入山出来るような態勢を作ることが必要である。神仏一体の考えを明確にして行く場になるであろう。古神道と真言宗の密教を一体にした弘法大師の思想を蘇生させて行く必要がある。これが私のすべき道である。この道の先が教主様の根本神、根本仏の教えに繋がるのである。この道の奥が教主様の宮殿である。

昭和五十三年五月十五日、久しぶりに狗瑠孫山に参拝した。すると狗留孫山の住職から、妙見宮鷲頭寺の後任住職就任についてお祝いを頂くことになった。思ってもいないことであった。これは観音様がお祝いを下さったと思うことにした。これも全て神仏のお導きである。ただ私は神仏のお導きに従って人間が人間らしい世界になり、生きて行けるようなお役をさせて頂くのみである。

昭和五十三年五月二十一日、午後二時三十分から大工さん達がこられ、二間三間の私が建設した高さ五メートルの高さのブロック囲いの大師堂の上に屋根の基礎を作って、無事上棟式をすることが出来た。あとは本職の人々にして頂くことにした。六月二十二日に、大師堂が完成する。大工二十九名分、左官十一名分、板金八名分、工事費百七十万円程度で完成した。

昭和五十三年八月二十日、御大師様を大師堂に鎮座して頂き、ようやく出来た感じである。大師堂完成から御大師様の御真言三十万遍、お礼の真言十万遍を挙げさせて頂いた。後、残りは落慶法要を残すのみであった。

昭和五十三年八月二十二日、午前七時に千寿院を出発し、藤井さんを訪問し、その後、菩提寺さんに行き、その足で帰り、昼から内田渉さんと、千寿院から大師堂に行く小道を作るためブロック塀を壊す。今日、電車の中で「蘇生した」と自分の心に言い聞かしているのである。それは御大師様を通じ、過去の教えを大師堂で洗い清め、そして教主様の教えを体得させて頂くことが私の生きる道であり、私の縁ある人々の生きる道であるということを自覚したからである。このことを如何に他の人々に理解して頂き、そして己も理解するかである。

昭和五十三年十一月十九日、大師堂の落慶法要を、その日は少し曇りであったが、午後一時からは大変良い天気になり、数多くの参拝者参集のもと無事終了した。これも一重に御大師様の不思議なお力だと感じた次第である。

昭和五十三年十二月一日から、新しく出来た大師堂で五十日間、果物だけを食事とする修行で、南伝大蔵経を素読する修行に入る。

昭和五十四年一月一日、朝六時五十分に起き、お経をあげ、元旦の準備をする。今日は十人参拝者があった。大師堂にも何人か参拝者があったようである。

今年のことば、

忍定の心で以って目的を達成せよ。

南伝大蔵経の全巻素読

結婚～妙見宮入寺の条件

妙見宮入寺

智慧なる方便をもって布教せよ

大師堂から教主殿への導き

昭和五十四年二月九日、私を大学時代から宗教人になるように、何かと協力して下さった観音行者の桶尾ユキエさんが他界されたという報せを受ける。十日朝、桶尾さんの夢を見る。久しぶりである。今まで私の人生の変化の時、必ず良き道を教えて下さった人である。長門市まで赴き、お経をあげさせて頂いた。二月八日に他界された。それはそれは安らかな死であったそうである。人間は本当に無常である。他人であっても、何かしら肉親の一人を失った感じであった。

昭和五十四年三月九日、午前八時に起きる。午後、瑞光院の娘さんが来院。娘さんと話をしている途中、彼女は私と結婚することに負担を感じていると言うのである。付いて行けそうにないと言うのである。まあ、彼女がはっきりとそう言うのであるから、私は諦めることにした。これで彼女について諦めることは二回目である。まあ、これでよかったのかも知れない。私のどこかにやはり難しいということはお祈りしていた時感じていた。それを私は無理にしようと努力していたわけである。私が決めたことであるから責任を考えていたのである。まあ、これで彼女の御家族も諦められるであろう。明日から私は、南伝大蔵経を読誦することに全力を傾けることにする。これしかないのである。これを読んで後、再度、結婚のことは考えよう。今度は結婚に全力を傾けることにする。

昭和五十四年三月十一日、朝、七時四十分に起き、午前、午後、南伝大蔵経の修行をする。今年中に七十巻読み上げることにする。これが私に課せられた修行である。これで一応、私の修行を終えることにする。

昭和五十四年四月二十日、今日午前七時三十分頃起きる。午前八時過ぎ上大野、下大野の一部を托鉢する。今回は精神的にも肉体的にも昨年よりは楽なようである。今年中には南伝大蔵経を読誦させて頂くことにする。午後、ある考えが涌いて来た。それは私の人生のことである。例え百八歳まで生きたとしても、一体どれだけのことが出来るであろうか、私は一生の間に三箇寺を造らせてもらいたいものである。第一は千寿院、第二は妙見宮鷲頭寺、第三はクシナガラに最後の寺を建立したい。これから私の日本における人生の中心は、下松の妙見宮鷲頭寺になるであろう。私にとって一番相応しい寺である。大きくもなく小さくもない寺である。ここを中心に千寿院も完成に導く。そして京都にも出るであろう。

（注）妙見宮鷲頭寺を復興するのが精一杯である。

南伝大蔵経の修行

昭和五十四年五月七日、今日は午前八時から南伝大蔵経を読む。明日から本格的に修行に入ることにする。今まで南伝大蔵経七十巻中二十巻を素読する。あと残り五十巻である。一応明日から朝六時に起き食事は果物だけにする。今回、一応五十日を目安にする。五十巻読み続けるまで出来ればそれが最高であるが、これを祈願して、このため修行に入ることにする。あとは五十巻読み続けることが出来れば幸いである。百日間かかるやも知れぬ。しかし挑戦も素晴らしいではないか。まずは五十日間、その後、残りの分のみ読み続けるということが出来れば幸いである。

南無弁財天様、南無大慈大悲観世音様。

昭和五十四年五月十六日、朝五時四十五分に起き、六時に大師堂の中で素読をする。南伝大蔵経三十巻目である。修行中に私の心中には、「私は完全な僧にはなれぬ。しかし、せめて高野の御大師様の導きの先達として、二十一年間これから精進させて頂こう。そしてこの間、教主様に縁のある人々を教えに導く役をさせて頂く事に決める。そしてその後、お大師様と教主様の一体を説き、私もその実践に全てを賭けさせてもらうことに決めよう。そして八十八歳以後、まだ私の生命があれば、インドにおいて教主様の教えを弘めさせて頂こう。

昭和五十四年五月二十六日、朝六時に修行する。今日は少し難しい経典であったので、しんどい気持である。釈尊は二十九歳で修行に入り、三十五歳で悟りを開かれた訳である。私は昭和四十八年六月に帰郷して、今年で満六年になる。そして、五十日の修行の成満で三十五歳になる訳である。本当に不思議である。私が計画的にした訳ではないが、六月二十六日の五十日であげれば、私の三十五歳の誕生日である。

今回は、六月二十七日の三十五歳の誕生日は盛大にお祝いをする事にする。弁天様から南伝大蔵経を読むように言われ、そして不思議と教主様も二十一日間の断食、五十日間の断食をしたことがあると言われ、そして私は二十一日間の断食は東京の仏道蘇生同志会本部と菊川町（二週間、一週間）と続けて行じ、今度は、私の最後の欲望を満足させるために五十日間の果物だけの食事で南伝大蔵経を素読させて頂く修行である。これは、私には分からない過去世からの神仏との約束であろう。それ以外には考えられない。

昭和五十三年六月九日、朝五時三十分に起きる。今日で一応南伝大蔵経の読誦の修行は終わりとする。今日は果物だけの修行が三十三日目である。後十七日間は、纏めたりということで五十日間をすることにする。まあ何とか目読させて頂いた。これだけでも感謝させて頂くのみである。私のような人間でも神仏の御慈悲によって読誦させて頂けるのである。まして、世の中の多くの善き人達は言うに及ばない。一応これですべて終わることになる。ご苦労様であった。

これから二十一年間は、在家僧（高野聖）としての行動をさせて頂く。そして二十一年後には僧としてさせて頂く。そして、八十八歳になって完全出家の僧としてインドに向かうことにする。四国の太龍寺の求聞持法と同じで、ようやく修したというそれだけのことである。これから、第一歩から歩まなければならぬ。人間の大人として、世間の人間として二十一年間歩むことにする。

昭和五十三年六月二十六日、朝七時に起きる。今日一日で一応五十日間の果物だけの食事の修行並びに南伝大蔵経の修行が成満する。

昭和五十三年六月二十七日、朝八時に起きる。今日は私の三十五歳の誕生日である。南伝大蔵経の修行も終わり、これで一つの人生の終わりである。今度は多くの人々のために生きる生き方をして行かなくてはならぬ。今日からそういう生き方をして行かなければならぬ。

昭和五十三年七月十三日、午前十時ごろより小野田市に行く。行者松岡文子殿と話をする。そして私自身の心の中で、これから自分のために時間を取るのではなく、他人のために時間を作るような人間になろうと決心したのである。

私はもう急ぐ必要は無いのだ。私は一応全てを見てしまったのであるから、あとは一つ一つ身に付けて行くのみであるとの決断に達した。私は、これから多くの人々のために生きることが出来る人間にさせてもらうべく努力する。自分のための時間を取ることを、これから止めようと決心した。多くの人々のために、自分を使ってもらうと決心したのである。

（注）今日午後五時十分、周防灘を中心に下関で震度四度の地震があった。何十年ぶりであったそうだ。不思議である。大地が我が心を感じてくれたのである。

昭和五十四年七月二十九日、昼休みに一休みすると、妙見宮の寺沢さん夫婦の夢を見る。奥さんが息子に寺を継がしたいという気持を持っているのである。住職は何も表現しなかった。しかし、それはもう遅すぎたというのである。私がもう後任の住職になっているので、私は下がりませんよという夢であった。

入寺する条件

昭和五十四年十月九日、朝六時に起き、午前中、荒小田を托鉢する。その時、今日午後四時過ぎに、二十坪の本堂を五年計画で建立する決意をする。二年間これから托鉢をし、二年間護摩の案内を書き、そして最後の一年間は本堂の寄付の托鉢をする。そして五年間で建立する。

昭和五十四年十月十日、妙見宮鷲頭寺に入寺する条件として結婚することであったので、午前十時に小月に行き、松本京子と見合いをする。彼女は一応お付き合いをしてもよいということになった。

昭和五十四年十一月三十日、「我が身をこの地にとどめおく」という強い心が起こった。

（注）三十日の十二時頃、松本京子、母、道子さんと、結婚式その他のすべてを決める。

昭和五十五年一月二十日、孝俊、京子の結婚式と披露宴を菊川町の農協ホールで行う。新婚旅行は、別府、高千穂、宮崎、鹿児島の四泊五日の旅行である。

昭和五十五年四月九日、朝、夢を見る。それは私の生誕の地の夢であった。柿の木の下で誕生したということはハッキリしているようである。しかし、その柿の木はこま切れに切られている姿を見せられた。私の生れた所の木は切られ、そこには家が建っている。それも新しい友人の家である。私はこれから柿の木を大切にし、私の誕生の木としよう。その柿の木は、渋柿の木である。渋柿は太陽の日差しによって甘柿に変化するものである。

（注）これからの人生の道は、大人としての歩みを続けて行かなければならぬ。

昭和五十五年七月十五日、朝、下松の妙見宮から電話がある。来年の六月から下松に来てもらいたい、とのことであった。

昭和五十五年九月十三日、午前中お祈りをしていると、自然と頭の中にいろいろな事が起こって来た。仏教においては日常生活の送り方、歩み方に付いて指針を纏める必要がある。仏教は余りにも哲学的であり、余りにも経典が多く、日常生活に生かすことが困難である。人間の一生涯、どのように歳を取って行き、このように歩んで行き、このような時には、このような判断をし、このように解決して行く、というような人生の指南書が必要である。毎日どのような生活規範を取り、雇用に生きる。苦しい時はこのようにして苦しみを取り除く、人間関係等、一応の規範を取り、人生の生き方を示すことが出来るようになればよい。しかし、これらを纏めることが如何に困難であるか。私はこのようにして心の苦しみを取り除き、このように精神が安定したと、この安心が必要である。常に変化する世界の中で、常に変化に耐えられる安心を作ること、方法が必要なのである。

昭和五十五年九月十日、ある人の所で話をしている時、突然無意識の言葉が出て来ることがある。それも人間の成長を助けてくれる言葉である。妊婦の人がおられ、その時出た言葉は、「子供が生まれる前に子供と親のためにお経を読誦する修行をするように。そうすれば素晴らしい胎教が出来ますよ」であった。

子供が生まれるということは、子供の霊体も生まれて来る訳である。人間の子供として生まれる霊体を清めることになるのである。二人の老婆がおられた時、「死ぬ前にお経をあげてもらうだけの心境を作ること、家族の人々も、お医者さんも」と。また、同じ日、風呂に入っている時、文書の作り方についての智慧が浮かんで来た。「人が吐く言葉には相手がおり、〈ありがとう〉と言えば、大体なんで〈ありがとう〉と言われたかが理解出来る。しかし、文章の場合、〈ありがとう〉と書いても、なんで有難いのか詳しく書かないと、その意味が相手に通じない。これが文章と言葉の違いである。

文章を書く場合は、「美しい」と書いてもどのように美しいのか、写真ではないので分からない。

その「美しさ」を詳しく表現しなければならぬ。このことが大切である。このことを考え、一番自分が言いたいことをいろいろな体験、実話等を交えて書かなければならぬ。このことを忘れては、読む人は理解出来ぬのである。「悟り、もしくは小覚、もしくは救いが、どのように個人に起こって来るか、どのようにすれば出来るか、出来たかを纏める必要がある。」

昭和五十五年十二月二日、密教の世界では神仏の縁を灌頂として受ける。その時に指導して下さる神仏が与えられる訳である。大日如来、観世音菩薩というように、私の場合は観音様が導いて下さった。そして、種々の神仏が入れ替わり立ち代わりされた。これからも変化するであろう。私は今日まで自己の修行をガムシャラに歩んで来た。今度は多くの人々のために布教へと歩むわけである。それも大きな舟である。何々宗、何々宗という宗派に拘ったものでなく、神仏に導かれて向上する教え、人間が織りなす宗派、現在ある宗派、真言宗の密教の中のマンダラを中心にした教え、そして、この神仏に導かれ、信仰する人の心の安らぎを得る事の教え、これが必要である。

この神仏、神仏の実相の体験を得る信仰が必要である。いつの日か私は文章を大々的に書くことであろう。そして、この道を弘めて行かなければならぬ。悩み苦しみも起きるであろう。しかし、多くの人々を導いて行く役目がある人間は、それを逃れてはいけない。耐え抜き、そして多くの人々を安らぎの世界に導いて行かなければならぬ。必ずそれは出来る。不安と恐れが有ろうと無かろうと、そのようなことは恐れぬに足りぬ。妙見様は大内家の隆盛に基づいた元なる源である。大きな大志を懐けば成就するであろう。また、日本の元なる大志を懐かせた源である。必ずや成就するであろう。

使命に気づく朝夢

昭和五十五年十二月二十三日、朝、夢を見る。それは千寿院の御神前の部屋に教主様と我が父と何人かいたようである。私が仕事をしているので呼ばれて、そして教主様の御前で「一所懸命頑張っておるな」という言葉をかけて下さったのである。久しぶりに教主様の夢を見させて頂く。それも我が父もおられた訳です。不思議である。これから、私は私なりの道をハッキリ定めて歩いて行かなければならない。自己に与えられた使命をしっかり掴んで歩いて行く以外にはない。

昭和五十六年一月十一日、私の心の中に一つの言葉が浮かんで来た。私は「心の扉開きの役」、これが私の使命であり、私の歩むべき道である。神仏の世界、己の真の姿に向かうための「心の扉開きの役」である。

昭和五十六年二月十三日、それは昨日御神前で「真言宗の僧侶として、現代の僧侶として、第一歩から歩ませてもらうことをお願いする。」すると、今日の朝、「教主様の御神影の前で、教主様が亡くなられてからも信ずるか、とある女性が言うのであるが、私はただ黙っていると、しかし、私はその女性を左手に抱えると〈なむだいし、おだいしさま〉と唱えているのである。そして高野山の奥の院の灯籠堂の前に行き、一段高い所に御大師様がおられるように感じたのである。そこまで飛んで行き、女性をそこまで連れて行った。そして、そこで一所懸命「南無大師、御大師様」と唱えているのであった。

昭和五十六年二月十七日、朝、七時三十分に起き、仙崎の桶尾さんの所へ行く。今日は風が強く、ひどい雨が降っていた。昨日、母から下松の妙見様に行くならば、もう母でも子でもないと大きな声で言われたのである。あたかも母の怒りのようであった。

昨日の夜は大変な風であった。私はその時、仏様より親の恩を深く味わわさせて頂いたようである。この世に親を縁として出生させて頂いたことの感謝を考えさせられた。私は下松に行き、母の事を思い一所懸命より多くの人々の導き役をさせて頂かなければならないと。今回は母の修行も大分深くなったのか、夕方千寿院に帰ると元の母のようになっていたので一安心である。私も修行、母も修行、親子に応じた修行を神仏がさせて下さったのである。「全ての宗教を認めなさい、そしてどれだけその宗教で己の安らぎを得たか、それを語りなさい。そして多くの縁ある人々を導くことである。」

昭和五十六年三月六日、昨日の夕方、御大師様からようやく下松の寺に入ることのお許しを頂いた。すると朝、教主尊師の夢を見せられた。「それは、ある家か、宮か寺か分からないが、海岸沿いであった。誰かを見送って帰るときダンダン水が増えて来て、その水のために早く家に帰るようになって来た。その家に入ると、原田先生がおられたように思える。二人の前にある仏像は、一体は黒く、一体はあまりパッとしないものである。それが念ずると動き、変化する訳である。そして、その一体が襖の奥に隠れてしまい、その方に行くと教主尊師が立っておられ、私を抱きしめられたのである。

その時、どうかなるのではないかと思うのであった。そして、それで終わったのである。朝、起きて風呂場で顔を洗っている時、「不思議な人に遇ってもよいと考えた時分から、不思議な人に自分もならなければならないと思ったのである。今度は私が不思議な人にならなければならない番なのであろう。」

昭和五十六年三月十八日、朝方、鷲頭寺の夢を見た。本堂と庫裡を多くの人が行き来している姿であった。その後、高野山大学の寮、紫雲寮の副寮監であった西原さんが出て来て、儂がお寺をやるのを決めたのだと言うのである。大日如来の居られる持仏堂に連れて行き、このお堂は大変なお堂で、中央に大日如来がお祀りされ、正面には大きな大壇があり、その脇にはまた二つの壇があり、護摩壇の上には白い御弊が下げられ荘厳そのものであった。私は、お前を選ぶのに何百人の中から選んだのだ。私は、お前がすぐこの寺を継ぐべきだと思った。儂はお前がやれるかどうか見ていると言うのである。

昭和五十六年三月二十七日、朝、夢を見た。それは鷲頭寺の夢で、数多くの坊さんが、私が入寺することに少し、何か問題があるというような雰囲気であったが、私はこうこうこういう契約で入る事になっている、とハッキリ入寺について条件が整っていることを話すのである。まあ、それ以外ないというような感じであった。入寺が別なる世界、霊界でも何とか入れるようになった証拠である。今日はなぜか、いろいろなことを腹で考えた。入寺したら托鉢は少しおき、これから信者を引き連れて八十八箇所、三十三箇所の参拝の修行と阿字観の修行を二十一年間くらいかけて歩んで行くように、腹で考えさせられるのである。この巡礼の修行の最終は、座禅（阿字観）の修行である。

私は教主様を師と仰ぎ、そして、これから一人の人間として多くの人々と共に歩む人間へと向かう。これによって、私の真の力を発揮することが出来るであろう。私は大元密教の教師にならず、私の道を歩むこと。これが私に一番相応しい道である。これから別なる世界、我が縁なる神仏に導かれ、私の神の道を歩むことになるであろう。子供から青年、青年から大人への道を、今、歩こうとしているのである。私に示される私の道を歩むことである。人に示された私の道ではない。私に示された私の道である。これは、誰も止める事が出来ないし、誰も変える事は出来ない。勇気を持って歩むがよい。汝に示された汝の道を！

昭和五十六年五月二十二日、朝八時に起き、九時に下松に着く。下松に行くと二メートル余の正観音様が入寺されていた。住職、寺沢大英師が言われるには、杉原さんが来られるので、先に観音様が来られたのであろうということであった。嬉しい言葉である。その後、防府市の寺沢さんの奥様がおられる自宅に行き、帰りに宇部市の松本の家に寄り千寿院に帰る。

昭和五十六年五月二十八日、午前中、移転の準備をする。午後、下松に行く。六時に妙見宮の世話人の人々と会う。下松で休み、二十九日、夕方、菊川町の千寿院に帰る。帰りに寺沢さんの荷物を防府の寺沢宅に持って行く。三十日、松本の父母が菊川町千寿院に来られ、朝、下松市に荷物を中型トラックで運び、帰りに寺沢さんの荷物を防府に運ぶ。夕方、六時ごろ千寿院に着く。

昭和五十六年五月三十一日、朝九時に下松市へ行く。そして部屋の掃除をしたりして、その夜から泊まる。

千寿院本堂屋根の修繕

昭和五十六年六月一日、妙見宮で朝五時に起き、種々生活出来るように準備をする。午後一時過ぎ前住職寺沢大英師、防府市の自宅に帰られる。昨年の台風で本堂の屋根の右半分が壊れ、修繕しなければならなくなり、寺沢住職は高齢であり、もうこの修繕工事は出来ぬということであり、最終的に私が本堂の屋根を全部修繕することになった。六月十日より妙見宮屋根の修復寄進を、総代の面々と下松市の五大工場や企業に午前午後と寄進のお願いに廻る。これから、しばらくは屋根工事の寄進勧募が私のここにおける修行である。

昭和五十六年六月二十五日、朝不思議な夢を見た。自分の所に帰る時、二、三人の女性と同じ道を歩いて行くと、あるお宮の前に来た。扉が開けられ、そこには神主さんもおられ、竜のようなものか、神輿か分からないが、何人もの男達がワッショイ、ワッショイとお宮の中でやっている。それは天岩戸の扉開きの行事であった。連れの女性が変化して男性になり、二人がその仲間に入ったのである。私はその仲間に入るべきではなく、そこの横で見ていた。するとその行事が終わり、数多くの人々が引き、今度は、神主さんや行事の男たちが数多く出て来て、ムカデを探すのである。すると、私の足に大きな黒いムカデと、白いムカデが右足と左足に一匹ずついる。私はその時驚いたが、弁天様のお使いだと気づいて、それで目が覚めたのであった。

昭和五十六年八月十七日、東京の大元密教本部に参拝した折、その朝、不思議な夢を見た。それは妙見宮の夢であり、大内家の家老位の武士が出現し、君命により中宮を栄えさせてやると言うのである。その後、武士は女性に変化し、山上に登り、くるくると回り、狐か猫か分からないが、また変化するのである。

昭和五十七年十一月六日、今日から妙見様の御真言を毎日千遍上げることにする。全部で百万遍をあげる修行に入る。

昭和五十六年十二月三十日、妙見様の御真言を念じて四十九日目である。四十八万七千遍上げたのである。その次の朝、十二月三十一日に不思議な夢を見た。大きな古い亀を見せて頂いた。そして、その大きな亀の側に小さな亀を取り、大きな亀の側に投げ入れた。これは一体何を意味しているのであろうか？

昭和五十七年二月二十四日、妙見様の御真言を百万遍唱えさせて頂いた。百万遍成満する。今度は妙見宮の開祖である琳聖太子の御真言を三十万遍唱えさせて頂く。

昭和五十七年二月二十七日、韓国の僧、申法印和尚と金熀泰教授（東国大学）が午後二時頃来寺。琳聖太子の墓がある東洋鋼鈑にＫＲＹテレビと共に行く。夕方、午後六時のテレビニュースで、妙見宮と鋼鈑に視察された事が放映された。

昭和五十七年五月三日、朝五時に起き、琳聖太子の御真言を念ずる修行をし，三月二十四日から五月三日まで、三十万遍成満させて頂く。真言宗の基本的な修行は、落叉法で十万遍が一単位である。どのような真言でも十万遍あげれば、必ずお示しがあるということだ。しかし、境地がそれによって高められることにはならない場合が多い。やはり願望が問題である。欲を満足させる修行は、境地を上げることが出来ない。

昭和五十八年九月二十五日、妙見宮の脇仏である千手観音様の真言を百万遍上げる修行をさせて頂くことになった。そして無事に昭和五十九年二月七日で終わった。今日、子供（我が子）が生まれる予定日であるが、生まれる気配がない。二月十四日までは星まつりの御札書きで、てんてこ舞いである。朝、観音様と阿弥陀様が現れ、女の子を授けてやると言われた。多分生まれる子供は女の子であろう。

身内の誕生と死

昭和五十八年二月十五日、午前三時に妻の京子を下松の日立病院に連れて行く。夕方八時二十分に女の子が誕生する。首にへその尾を三周まいていたそうである。やはり、仏様のいわれた通り女の子で、玉恵と命名することにする。

平成元年一月二十八日、午前八時、男の子、孝明が生まれる。生まれる三週間前、「孝明」が良いので、この名前にしてくれと夢の中に出て来て言うのである。

今度は男の子だなと思った。やはり男の子であった。一月二十八日は旧暦の十二月二十一日にあたり、御大師様の縁日でもあり、一月二十八日はお不動様の縁日でもあり、午前八時というのも大変良き時間である。社務所もこの年に完成し、三月二十八日には、防府の阿弥陀寺で山口県十八不動三十六童子霊場開きが、十七箇寺の住職と一箇寺の奥様の出席の元、三百名あまりの参拝者で法要が行われた。私が発願して六年の歳月をかけ霊場が出来、そして孝明という男の子も頂き、唯々感謝するのみである。

平成元年三月十六日、午前二時十七分、小島大玄聖人が九十歳で御昇玄された。尊師は、昭和四十年二月十五日、「自分の使命は終わった」と宣言された。私が教主様にお会い出来たのは、昭和五十二年四月十五日に小田原の聖地の神域で、我々五名の仏道蘇生同志会員に微笑みを下さった。それが我々との最後の別れのようであった。我々に最後の最後まで教えられたのは、肉体を最後まで使い切れというように、尊師は私に微笑み下さり、二、三分でしたが、お会いさせて頂いたことが最後であった。

平成四年十月十四日、我が母、杉原八重子は午前六時に他界した。妙見様に、それは母の病気の回復の祈願をしていたのであるが、安心してお迎えが来るようにと祈願を変えなさいと言われた。これは大変だと感じ、家族四人で菊川の千寿院に帰り、長府の母が入院している病院に毎日見舞いに行くことになった。

夕方五時過ぎに家族で行き、いつもの母の口に一口入れられるアイスクリームを食べ、看護師さんに体を拭いてもらいたいと言い、身体を拭いてもらい、ああ気持が良かったと言い、これから少し寝るからと言って大きないびきをかいて寝たので、私は家族とともに下松に至急帰り、葬儀の準備のため衣、その他を準備して寝た。

次の十四日明け方、母危篤という電話があり、すぐ病院に駆け付けた。母は寝たまま他界したそうであった。最後の言葉が「ああ、気持が良かった」である。父の死は、私が東京本部に修行に行っている時で、修行途中なので帰るのを躊躇していると、教主尊師より「帰って来なさい」とのお言葉があり、帰ることが出来た。帰ってまず聞いたことは、どういう死に方であったかということだった。父は母の腕枕で笑って死んだ、という言葉を聞き、教主様の許で修行をさせて頂いているお蔭だと、つくづく感じた。

不完全なまま菩提を求める

書いて残そうということは煩悩欲であろうか。
これが七十五歳になって起こったのです。
このような人間でも、尊師を叫び続ければ、
前進の一歩、魂の、霊体の関係等への理解の第一歩が
踏み出せるのではないかと考えるに至ったのです。

小坊主が大僧正になる

私は平成の終わり、令和時代の始まりに、定額位という日本国の天皇を祈願する僧として、全真言宗から指名された。そして、令和元年に真言宗御室派の大僧正になった。

教主尊師より、小坊主が修行に来ていると言って頂き、早五十年の月日が過ぎた。私はこれから最後の使命の一分でも成し遂げるべく精進努力をしてまいる所存である。

教主尊師は自分の修行記、立教の決意を『立教示帰』という本に載せておられる。弘法大師空海は『三教指帰』を著し、出家する。釈迦や弘法が説法された世界についても、教主尊師は神仏の世界と人間界の世界を身近に理解出来るように説かれる。

華厳経の世界でも、釈迦の修行記だと明快に表現され、過去の釈迦の霊体が体験した世界だと宣べられ、地球の人間界の世界は三十五天体の中位だと解説され、善い世界も悪い世界も有ると説明されている。

釈迦はこの地球上に娑婆往来八千度と言われ、大玄師は二万八千回の輪廻を繰り返したと言われている。釈迦は濾伱通、自己と他人の関係を『ジャータカ物語』で残されている。大玄聖人様も「お詞」という形で、四年間で二十一回神々との語らい、濾侭通での体験談、真理の現代的語らい等、自筆の文章として残されている。そして正座観法行で弟子や信者たちに密教たる密教を味わわして下さる。正座観法を受けている人の精神的境地に応じて、教主様の過去世の霊体経験を与えて下さるのである。

弘法大師の般若心経秘鍵の中に、「真言は不思議なり、観誦すれば無明を除く、一字に千理を含み、即身に法如を証す。行々として円寂に至り、去去として原初に入る、三界は客舎のごとし、一心はこれ本居なり」。大玄尊師は、言葉、現代の言葉、日本語、師の宣べる言葉が実相として、他の人々に神秘現象として体験させて下さるのである。

『瑜伽示現』の体験記は、師の言葉が神秘現象を起こし、言葉の実相を表現しているのである。しかし、これすらも尊師の過去世の霊体の経験の一端に過ぎないのである。今世、小島大玄尊師の出現により、空海時代の神、根本神が根本仏と一体となり、大元太宗大神としての実相を現したということであろう。つまり、仏智、神力を具えた人格神、自然神が大元太宗大神ということである。

この言葉は、神は時間、空間を超越しているので、過去から未来まで永遠に続くということである。教主様は神戸の山寺で二万遍の光明真言を誦じたと言われている。一日に二万遍なのか。

もしこの修行であれば、五十日間で百万遍の修行ということになる。そして天地人の境地を一週間体されたことになる訳である。

私は、教主大玄聖人の真言を百万遍唱える修行の途中、八十万遍くらいの時、「山寺で光明真言を一遍唱えたことがありました。唱えた時、自分の体が不空羂索観音に変わったように思えた」。このことは、私に何か深いものを暗示して下さっているようである。

菩提を求めて生きる

私は自分自身を深く考えると煩悩欲も強く、好奇心も強く、性欲も強く、名誉欲も強く、支配欲も強い。しかし、記憶欲は弱い、頭も悪く、ケチな人間であることはよく知っているが、そのような人間でも時々菩提を求める気持が強くなったり、弱くなったり、十二分な実力のない自分であることも知ってはいる。それを隠すようにするのか、それとも、そのままの自分を出すのか、掴みようのない人間であることは事実である。

このような罪穢れのある人間であるが、最後は悩みの無い生き方、私の使命かどうか分からないが、私が使命だと少し感じていること、これが不完全であっても、この行為、行動、実践を残さなければならないと思う。

文章も下手。しかし、書いて残そうということは煩悩欲であろうか。これが七十五歳になって起こったのである。このような人間でも、尊師を叫び続ければ、前進の一歩、魂の、霊体の関係等への理解の第一歩が踏み出せるのではなかろうかと、考えるに至ったのである。

先ずは、毎日毎日、南無大師教主大玄聖人様と一万遍上げることである。その百万遍あげる途中か、上げ終わった後かに、必ず自己を見詰めることが出来る。それは過去の修行方法か、自分に合った新しい修行方法を見つけることが出来ると確信するのである。

「願いの中に、〈我に正しき道を示し、歩ませたまえ〉と心の中に念ずることを忘れてはならない」。私には、まだまだ最後の修行、千寿院での布教、実践活動が残っている。

令和二年六月二十九日、私の母校である小学校の〝誕生日〟で、七十六歳となる。新型コロナウイルスがまだ世界中で蔓延、千万人感染、死者四十三万人、まだこれから増えるであろう。神よ、神よ、神よ、世界中の新型コロナウイルス感染被害を鎮めたまえ、と祈るのみである。そして一日も早く新型コロナウイルス用のワクチンが完成しますように。

令和二年八月一五日、世界第二次世界大戦終結の日であるこの日、世界中の新型コロナウイルス感染者は二千九十三万人で死者が七十六万人余りになった。一体いつまで続くのであろうか。

この本が出来上がる頃には、どうか収まりますように切に切にお願い致します。
令和二年九月十一日、妙見様の修行の五穀断ちの修行の最中に一応終わる。

蘇生した千寿院

教主様より「世界で一つしかない寺」千寿院という素晴らしい寺を頂いた。しかし、千寿院だけにおいての修行は、なかなか遂行出来ずに今日に至っている。妙見宮鷲頭寺での修行も段々終わりに近づいている。私は教主様が我々に示された肉体が尽き果てるまで行動することを、深く心に刻み込んでいる。私はこの肉体が最後まで使用出来る間は、千寿院を再度蘇生させて頂き、教主様の根本仏である仏、教主即根本仏即遍照金剛法身如来、根本神である大元太宗大神、小田原の御聖地で活動されている神様は、大元太宗大神様であることは、多くの信者方々は百も承知である。しかし、教主様御宣言の根本仏、遍照金剛法身如来様は完全に忘れ去られようとしている。

これは私の罪なのであろうか。そう、私の罪だと考えられる。私は千寿院から妙見宮鷲頭寺に参る時、千寿院の本尊様に、教主様に、遍照金剛法身如来様に、しばらくお休み、お眠り下さいませ、と、お願いをしたのであった。そろそろ、私もその眠りから目を覚まさせて頂き、私の最後の使命を果たさせて頂きたい。千寿院の境内には、蘇りのイチヨウの木が植えてある。教主様が島根県匹見の千光仏身薬王如来様のお堂に来られた時，枯れかかったイチョウの木を蘇らされた蘇生樹がある。私が島根県に行った時、初めに雄のイチョウの木を頂いた。次には雌のイチョウの木を頂いた。この雄のイチョウの木は、大人二人分の大きさになり，雌のイチョウの木は大人一回りの大きさになり、小さいながらも毎年多くの実をならし、辺り一面小さなイチョウの木の芽が出ている。

蘇生樹の話は、我々の仏道蘇生運動との繋がりを強く感じさせるものがある。弘法大師伝来の秘密曼荼羅教付法伝巻第一に、真言宗第五祖金剛智の話である。「沙門バザラボダイ（唐には金剛智）、南インド摩頼耶国（ここには光明国という。その国、観音の宮殿、補陀落山に近し）婆羅門種なり、年はじめて十歳にして、ナランダ寺において、寂静智に依って出家、三十一歳にして南天竺に往いて、龍樹菩薩の弟子龍智と名ずくる歳七百歳にして今なお見《げん》に在るにおいて、五部灌頂、諸仏秘密の蔵を受けて通達せずという事なし。金剛薩埵常に前に現じたもう。国の南、海に近くして観自在菩薩の寺有。寺門の側に尼拘陀樹あり。先より既に枯顇せり。和上七日食を断って行動するに、樹再び滋り茂す。菩薩応現してこの言を申さく、汝が所学今既に成就せり。大唐国に往いて、文殊師利菩薩を礼謁すべし。かの国、汝において縁あり。よろしく往いて教を伝え、群生を済度すべしと。この聖の告を承けて、ついに大唐に入る。

人間というのは、不思議な動物で自分の使命すらもなかなか自覚出来ずに過ごすものである。自覚してもなかなか思うようにいかないのも人間なのである。だから、即身成仏の状態で前に歩んで行く神人一体が必要になるということであろう。私は、この千寿院を世に再出発させたいのである。八十歳になり次第千寿院に戻り、この老体に力を頂き、この老体を支えて下さる若き力強い女神さまや男神様の御出現を待っているのである。

遍照金剛法身如来様は、観自在智佛様でもあり、智慧を司って下さる。私一人では千寿院を再蘇生させることは少し困難だと思われる。我を守り助けてくれる女神さまや男神様が私には必要である。女神さまや男神様の御出現により、遍照金剛法身如来様はこの地球上に残って行くことが出来るであろう。私は遍照金剛法身如来様が地球上に残って下さることを強く望んでいる。このの本『仏道蘇生』を読む人の中から、御縁が出来ることを強く望んでいる。必ずや、女神さまや男神様はこの本を読むことにより自己の本体を理解し、遍照金剛法身如来様の御仏徳をこの地球上に弘めて下さることと思うところである。

南無大師教主大玄聖人、南無遍照金剛法身如来、帰命頂礼大元太宗大神と唱え、教主大玄、弘法大師、南無釈迦と唱え、根本神、根本仏が地球上の人類、並びに地球の周りにいる霊群に幸福を与えられることが出来ますように祈るのみである。勿論のこと、仏菩薩様は必ずや我が力になって下さることであろう。

ここに我が師の言葉を頂き、心の戒めとする。

ただ一心に神を信ずべし。神を信ずることは己を信ずることなり。己を信ずることは安心を得ることなり。豈、偽るべきや、疑うべきや、計らうべきや。速やかに汝等の小なるモノサシとマス、ハカリを捨てて神の前に懺悔すべし。汝等必ず救わるべし。このように真の人格神は宇宙一切の現象による妙《たえ》なる真理と自然の威力と英知の全部または一部を具えておられるので、その徳高く秩序正しきこと、人の遠く及ばざるところ、是即ち神位であり、神格であり、神境である。神界はこのように形成されているのであります。

我神と共に在り。
神我を護り給う。
我　人にして人の子なり
人の子にして人の親なり
人の親にして神の子なり

神の子なる故神とならん。
清く気高く浄らかに
正しく真直ぐ進みなば
神の御許に到るべし。
帰命頂礼大元太宗大神
南無遍照金剛法身如来　と唱うべし。

大正覚を得た釈尊の境地

釈尊が二千五百年前に悟得した大正覚を得て仏陀になられた境地、この境地が二千五百年後の今日、この教え「神自らの教え」なる我が密教において体得出来るのです。有難いことではありませんか。尊いことではありませんか。求めて得られない境地が「神自らの教え」によって神秘の扉を開いて下さるのです。皆さんは、自分を正しくして、この扉の中に一歩一歩と運び入れることです。必ず仏陀の嘗て成道せられた境地に近づいて行かれるのです。そして、この境地から示されたものこそ、真理であり宝珠であります。

このようにして得られた宝珠を、あなた方は易々と売りに出せますか。まして、御利益宣伝が掲げられますか。考えて御覧なさい、神から賜ったものを金に替えられるものではないのです。永劫不変の財宝として、各々その境地を我が心中奥深く秘蔵して置くことです。用いねばならない時が来るまで、決して乱用すべきではありません。神の命により必要によって自ずから扉を開かれるまで、大事に、大事に仕舞っておくべきです。このような境地を体得する教えを、宗教の本義とすべきです。

密教を修行する人達が、特に注意しなければならないことは行力です。即ち行によって得られる神力、加持力、奇蹟等不可思議な現象に対して慾を出すことです。自我慾です。殊に増長しては、たとえ神力が得られたにしても、その効は半減、あるいは四半減するでしょう。

密教修行過程において、問題になるのは感応です。この感応現象も、行ずる人の器によって深浅高低の差があり、また内容も違って一様に説明出来ないのですが、その人によって違った現象が出て、一騒ぎすることも往々にしてあります。〈遭遇し難きは、法に非ずして師である〉というのも、この故です。私の教えを大玄神道、大玄仏教といって説明したとしても、これは専売特許的な立場においてではなく、幅の広い境地から言っているのです。〈力と智〉この均衡がとれて初めて立派な人間と言えるように、自然界、神の世界も仏の世界も、一方に偏しては片端であるのです。ですから宗教に神と仏の区分ある訳がありません。神即仏、仏即神であるのです。この神力と仏智を具えてこそ大覚者としての〈格〉づけが出来るのです。神格、仏格ともにこれであります。そこで、単独に神観を樹てることは偏見と言わねばなりません。仏（さとり）を離れて神無く、神力を無視しての仏も無いことを知ることであります。〈神仏の世界ですら斯くの如し、まして人間界においておやです〉。すべからく智を磨き、力を具えて知徳兼備した人間になるべく精進することです。

この詞を心の中に秘め、この老体にムチ打ち、最後の人生を生かさせて頂けるように、唯々根本神、根本仏に祈願し精進に邁進するのみである。

令和二年七月一日，今日は私の戸籍上の誕生日である。世界中の動静が騒がしくなって来た。政治の世界も実に騒がしい。その上、中国武漢から発生した新型コロナウイルス感染症が世界中に蔓延し、今日まで千三十万人が感染し、五十万五千人が死亡した。これは目に見えない新型コロナウイルスが起こした人間への静かな〝戦争〟である。

人類にとっての小さな悪魔が、静かになり消えて行きますように。肉体を持って生きるということは、何時になっても永遠にこの苦しみから逃れることは出来ない。

この苦しみから解脱出来るのは、仏の悟りであり、神の自在力であり、唯々救いを念ずるのみである。必ずや神仏の御光りが人間の傲慢さを取り除いて下さるであろう。人間の大自然に対する不遜な気持が減少しますように。

令和二年九月十九日、新型コロナウイルス感染者三千万人突破、死者九十四万六千百四十人。恐るべきコロナ、なんと戦争より怖いコロナウイルスに変菌してしまった。祈りも通ぜず。自然滅を待つのみ。

令和二年十月十九日、世界で新型コロナウイルス感染者約四千万人、死者数百十一万人、なんと怖い新型コロナウイルスであろうか。

令和三年五月一六日、午後四時四十分無事終了。昨年より発症した新型コロナウイルスにより、現在世界の感染者一億六千百十八万八千人余りとなり、死者数は三百三十四万四千七百五十七人ということになり、人類史上大惨事となった。新型コロナウイルス用のワクチン接種が始まり、一日も早く収まることを切に念じる次第です。

令和三年五月一八日、妙見大菩薩さまの縁日に、一応我が心の中では終了である。後は本にすべく多くの人の協力を待つのみである。

あとがき

この本は二年間費やし素稿が出来、一度出版することを断念した。そして一年後、書き残した処を加え、本にすることにした。校正に二年余りを費やし、ようやく出版の運びとなった。この間、中国武漢から新型コロナウイルス騒動が起こり、令和四年一月には、全世界で三億人以上の人々が感染し、約五百万人以上の人々が亡くなった。人類にとって大変な時期での出版でした。このような状況の中、一冊の本として出版出来たことは奇蹟と言う他ありません。この本が一人でも多くの人々の目に触れ、読んで頂ければ最高の幸せです。この本を読まれた方は、是非もう一人の人にバトンを渡して、そして次の人に読んで頂ければなお幸いです。

私のような未熟な人間が師の御慈悲を頂き、一冊の本として出版出来ましたことに、ただ大いなる師に感謝するのみです。只々、大自然の大神である根本仏が人類に与えられた試練を乗り越えることが出来ますように、祈りを捧げるのみです。

合掌礼拝　　愚僧、孝俊

令和五年一月十五日

杉原孝俊（すぎはら　こうしゅん）

昭和一九年、山口県下関市菊川町に生まれる。昭和三九年、高野大学密教科に入学。インド仏跡巡礼の旅に出る。昭和四一年、報恩院住職山口耕俊大僧正のもと得度を受け百日間の四度加行の修行に入る。昭和四三年、高野山大学卒業と同時に「大聖師」に巡り合い正座観法行を拝受する。昭和四五年、白衣観音像と対面する。同年「仏道蘇生同志会」の発会式に臨み、仏道蘇生運動に携わる。

昭和四八年、山口県下関市菊川町に千寿院を設立し住職となる。昭和五四年、山口県下松市の妙見宮鷲頭寺に入寺。

令和元年、真言宗御室派大僧正となる。

現在、妙見宮鷲頭寺名誉住職。

仏道蘇生　悠久の時を超えて

令和五年六月一日　初版第一刷発行

著　者　杉原孝俊
発行者　馬場英治
発行・発売　株式会社世論時報社

〒一五四-〇〇一五
東京都世田谷区桜新町二-二五-一五
電話　〇三-六四一三-六三一一（出版部直通）
seron2009@seronjihou.co.jp
印刷・製本　株式会社千葉印刷

乱丁・落丁本はお取替えします。お手数ですが、
電子メール、電話でお知らせをお願いいたします。

正誤表

誤

８頁・目次、１５６頁小見出し

千寿院本堂屋根の修繕

正

妙見宮本堂屋根の修繕